受かるぞ教員採用試験シリーズ

越智敏洋 著
イラスト＝小林玲奈

ガンバル自分は教師になれる！

① 初めての模擬授業

学芸みらい社
GAKUGEI MIRAISHA

まえがき

「夏の恒例行事になってしまった教採を終わらせたい」
という講師の先生。

「家庭の事情で大学卒業と同時に正規採用されたい」
という大学生。

「一度は他業種に就いたが、先生という職業をあきらめられず…」
という社会人。

　それぞれが切実な思いを持ち、私達が運営する教採対策講座へ来られます。

　しかし、それは、模擬授業の採点をする試験官の考えとはずれています。
　試験官側は、

> ・試験という緊張場面で笑顔を維持できるか
> ・児童生徒をほめて伸ばそうという行動があるか
> ・授業を組み立てるために必要な力はあるか

といったことを考えています。

> 「学校現場で授業ができるのか」を見るための試験

をするのです。

　受験者の切実な思いと試験官の考えのずれ。
　これを埋めるために、講座では次のことを行っています。

> 「合格したいという気持ち」を「授業の技量」に変換する

という作業です。

「授業の技量」は大きく2つに分けられます。
「知識」と「技術・技能」です。

料理に例えます。
レシピが知識。
野菜や魚介を切り、煮たり焼いたりする調理が技術・技能です。

模擬授業の場合は、指導方法を知っていることが知識。
児童生徒に話したり、考えさせたりするのが技術・技能です。

具体的には、次のようなものがあります。

> ・チョークで板書をするコツ
> ・子どもたちと目を合わせる時のポイント
> ・分かりやすく学力を付ける授業の組立

こうした「授業の技量」をいくつも使えるようになる中で、教員採用試験の突破が近づいてきます。

授業をしたことがない方でも、必ずできるようになります。
受験者の皆さんの「気持ち」が、それらを身に付けるためのエネルギーになるからです。

「先生」という職業は、子ども達に学力や社会性といった力を付け、夢を叶えるサポートをする仕事です。
やりがいがあります。

本書が、みなさんの切実な思いを授業の技量に変換し、「合格」を得て、先生としての第一歩を踏み出すきっかけになればと願っています。

NPO法人TOSSいちばん星
理事長　越智敏洋

もくじ

まえがき…………………………………………………………002

講義前・ミニ知識
世の中にいくつ職業があるか知っていますか？…………008

講義 1
はじめての模擬授業でもうまくできる方法…………010

模擬授業って、そもそも何？……………………………………010
授業の構成要素　発問・指示・説明と褒めの4パーツ………012
人生初の模擬授業　この3ステップで合格圏内………………016
ステップ1　めあて→1分で考えるとうまくいく！……………018
ステップ2　導入→子どもを惹きつけるには？…………………020
ステップ3　授業の組立→変化のある繰り返しで構成しよう………024

004

講義 ②

あなたが「評価」される項目を分析 ……028

誰があなたを採点するのか………………………………………028
「模擬授業」で何を評価される？………………………………030
×を取れない「模擬授業」………………………………………032
分かりやすい言葉に変換して「指導力」を分析………………034
「表現力」の評価は30秒以内で確定！…………………………036
話し方→聞き取りやすい話し方に修正しよう
　－文頭、語尾、抑揚の3ポイント－…………………………038
話し方→クセをなくし、分かりやすい動きをする練習………042
板書術→初めてチョークを握る人へのヒント…………………046

講義 ③

授業をレベルアップする指導技術6 ……050

指名→「分かる人？」指名のワンパターンから抜け出そう…050
表情→笑顔づくりトレーニング100回を目安に！………………054
褒める→「やろうとしていること」気付いて褒めよう………058
子どもと目を合わせる→時間は1秒でOK ………………………062
分かりやすい話し方→具体例を入れよう………………………064
授業を盛り上げる→やりたいことをトップに！………………066

講義 4
あなただけの模擬授業をつくろう ……………………………… 070

まずは"10本の授業"でスタートラインに立とう ……………………… 070
模擬授業の基礎力→実は小・中・高・特支等共通……………………… 074
１から分かる指導案の書き方…………………………………………… 078
小学校国語の指導案づくり
　「詩＝はしる電車の中で」（まど・みちお）………………………… 084
中学・高校社会の指導案づくり→「日本の諸地域」…………………… 088
小学算数の指導案づくり→「割合」…………………………………… 092

講義 5
他の受験者と差がつくポイント

自分の声に自信が持てる自主トレのメニュー………………………… 096
板書の時の目線・立ち位置を気にしましょう
　－逸らしてはいけない視線－………………………………………… 102
出番前からスイッチオン－模擬授業開始前から見られている－……… 106
「自信のなさ」どこに現れるか－語尾が消える人は赤信号－………… 110
ゴテゴテの指導案はなぜダメなのか…………………………………… 114
最も難しいのは「自然体」でいること………………………………… 118

講義 6

お悩み解決
基礎基本に答えるQ＆A ……………120

Q1	模擬授業は二次からですが一次終了後でも間に合いますか……120
Q2	練習って何から始めたらよいか分かりません ………………122
Q3	お題が事前に出るのですが、教授や管理職に相談してもいいですか ………………128
Q4	直前にお題が出るので、時間が足りないのですがどうしたらよいですか ………………132
Q5	授業時間が10分ですが完結する必要はありますか ………134
Q6	児童生徒対応が下手と言われましたが鍛えられなくて困っています ………………136
Q7	チョークやマーカーで上手に文字を書く方法を教えて下さい ………………140
Q8	納得いく授業ができないのはなぜでしょうか …………142

教職志望のキモ情報

合格に近づく資料集 ……………144

第一志望の自治体情報をチェックしましょう………………144
なぜ「先生」になりたいのか振りかえりましょう………………148
何回、模擬授業練習をしたのか記録をしましょう………………152

講義前・ミニ知識

世の中に
いくつ職業があるか
知っていますか？

「世の中にいくつの職業があるか知っていますか」
いつもこの質問を出すと、セミナー会場はシーンとします。

受講前の雑談での一コマです。
ちょっとほぐれていた空気がピンと張り詰めます。

国内だけで約28,000種の職業があります。

それを伝え、再度問いかけます。
「それだけの数の職業があるのに、なぜ先生になりたいのですか」
ほとんどの方が答えに窮します。
しかし、試験官が受験者に聞きたいのは、きっとそうした部分です。

仕事として「先生」を行うのですから、楽しいことばかりではありません。
採用試験勉強をしていれば、不登校やモンスターペアレントなど、学校を取り巻く問題があることは周知の事実です。

それらを乗り越えて、「なぜ先生になりたいの？」という質問に答えることが求められます。

学校を取り巻く課題。
これを乗り越える手段のひとつであり、先生の花形の仕事が「授業」です。

授業がうまくいけば、児童・生徒や保護者、同僚からも信頼を得られます。
なぜなら、先生という仕事の中で最も多くの時間を割くのが「授業」だからです。

講義前・ミニ知識

　これから試験を受ける皆さんは、その授業についてどのくらい学んできたでしょうか。

　教員採用試験で、授業について何も練習していないというのでは、職業に就こうという意識としては弱いと判断されてしまいます。

　先程の話の続きです。
「憧れの先生がいたから。
スポーツをやっていて学校でも指導したいから。
特に理由はなく…。
理由は様々だと思います。
でも、何かしらのご縁があり、教職を選ばれました。
私が先輩から教えていただいた成長へ向けての言葉があります。
３つの『かく』というものです。
恥をかく、汗をかく、文字を書く。
模擬授業の練習は、表現する方法を学ぶ『実技』です。
本番では必ず前に試験官がいます。
ですから、それと同じように誰かの前での練習をしておくことは必須です。
しかし、誰かの前で練習すれば、必ず恥をかきます。
うまくいくために、こうして学習会に来ているのですから、ぜひ、練習で一緒に恥をかき、本番では成功を収めましょう。」

　書籍での学習でも方法は同じです。
　学んだら試してみる。
　それをどなたかに見ていただく。
　模擬授業やその先にある児童生徒に向けた授業のため、練習をしていきましょう。

【参考】レファレンス協同データベース
　日本における職業の数はどれくらいかわかる資料はあるか。
　http://crd.ndl.go.jp/reference/modules/d 3 ndlcrdentry/index.php?page=ref_view&id=1000117768

講義①　はじめての模擬授業でもうまくできる方法

模擬授業って、
　　そもそも何？

授業 … 学校などで、学問・技術を教え授けること

模擬 … 学校ではない
　　　　児童・生徒がいない

① 他の受験生を子役
② 試験官を子役
③ 架空の子役（子役なし）

「模擬授業」
　受験者が先生役として行う学問・技術を授ける授業

　それでは、模擬授業の講義を始めます。
　読み進める中で、「模擬授業ってこうするんだ」という概要を知っていただくことができます。

　まずは、模擬授業そのものについてです。
　この言葉は2つに分けられます。
　模擬と授業。
　根本にあるのは「授業」です。

講義①はじめての模擬授業でもうまくできる方法

「授業を一言で説明しなさい」
と言われると難しくないですか？
　こういったことを定義付けと言いますが、それを知らないと理解しないまま模擬授業を行うことになります。

　教員採用試験勉強では、こうした教育に関する用語を少しずつ覚えていくと、筆記試験や面接時にも役立ちます。

　さて、授業について、国語辞典には次のように載っています。

「授業」
学校などで、学問・技術などを教え授けること（旺文社国語辞典第九版）

　模擬ですから、学校ではない場所で、児童生徒を対象としないで行うのが、模擬授業ということになります。

　今まで皆さんは小中高と「授業」を受けてきました。
担任の先生、教科専門の先生が多くのことを教えてくれたと思います。

　今回は皆さんがその先生を「役」として行います。
「役」というのは実際に児童・生徒を相手に行うわけではないからです。
皆さんは先生役。
ですから、児童生徒役である「子役」もいます。
自治体によって異なりますが、大きく分けて3パターンあります。

①他の受験者を子役
②試験官を子役
③架空の子役（子役はなし）

　受験者である皆さんが先生役。
他の受験者や試験官、架空の相手が子役。
皆さんが先生役として、学問・技術を教え授けるのが模擬授業です。

講義①　はじめての模擬授業でもうまくできる方法

授業の構成要素
発問・指示・説明と
褒めの4パーツ

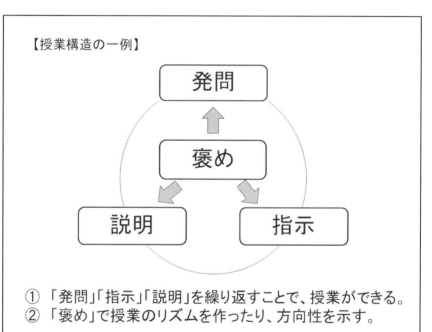

【授業構造の一例】

① 「発問」「指示」「説明」を繰り返すことで、授業ができる。
② 「褒め」で授業のリズムを作ったり、方向性を示す。

授業って、何となく先生がしゃべっているだけという印象はありませんか。
実際はそんなことはありません。
授業は基本的に4つの要素で構成されています。

それが「発問」、「指示」、「説明」、「褒め」です。
場合によっては、「叱る」が入ることもあります。

これらの要素を活用して、授業を組み立てます。

採用試験の模擬授業では、この4パーツを使うことができれば合格圏内の内容ができます。

それぞれは、次のような教師の活動です。

発問

質問のこと。教師から児童生徒に向けて考えさせたい内容を伝える。

指示

発問とセットで使われ、児童生徒に作業をさせる時に使う。

説明

発問と指示を補完する形で短めに使う。

褒め

様々な活動とセットで使われる。よりよい方向性を示す。

場面を示した方が分かりやすいかと思いますので、実際の模擬授業を見てみましょう。
教員採用試験で実際に出された問題です。
小学校6年生国語を想定して行います。

（小・中）学校〇年1組の学級（教科）担任です。
　新年度最初の〇〇の教科の授業です。子どもたちがこの教科を学習する意義を理解できるよう授業を行ってください。
　　　　　　　　　　　　　　　　　　　（青森県 H30 教員採用試験）

学校で最も授業時間が多い教科は何ですか。（発問）
近くの人に言いましょう。（指示）
国語というと想定される。

みんなで言います。さんはい。（指示）

声が揃っていない、小さすぎる場合は、2度言わせる。
「いい声」「揃っている」などと褒める。（褒め）

国語です。（説明） どのくらい多いと思いますか。（発問） 先生と同じようにノートに円グラフを書いて、国語の時間の割合を書きましょう。（指示） 書けたら隣の人と見せ合います。（指示）

円グラフを板書する。

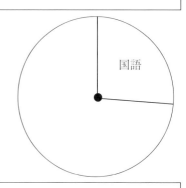

1／4より少し多いくらいです。（説明） 近かったと思う人は手を挙げます。（指示）

「よく分かったね」「すごいなぁ」などと褒める。（褒め）

日本人として話をしたり、書いたりするために、国語では多くの勉強をしなければいけないので、これだけの量があります。（説明） 今までにみんなは国語でどのようなことを勉強してきましたか。（発問） ノートに箇条書きで書きましょう。（指示）

・漢字
・作文
・詩や短歌・俳句
・物語
・説明文
等が挙がると想定される。

> この列の人が発表します。列全員、立ちます。(指示)
> 書いてあるのが全部出たら同じことを発表してもいいです。(説明)

　３〜４名を立たせ、前から発表させる。
　「いいね」「なるほど」「先生も思いつかなかった」などと褒める。(褒め)

> 日本の歴史の中で、多くの和歌や俳句、物語や説明文が作られてきました。今までにみんなが国語で勉強してきた内容や作者を覚えていますか。(発問)
> 班で話してみましょう。(指示)

　ごんぎつね、大造じいさんとガン、松尾芭蕉などが挙がると想定される。

> そういったものを勉強し、また、今度はみんなが文章で書いたり、話したりするために国語の授業時間は長いのです。
> 日本は、外国の方が多く訪れる国になってきています。みなさんも知り合う機会が出てきます。そういった時に、自分の国の話などを教えることができるとステキですね。(説明)

　言語活動や国際化について説明する。

> 授業を終わります。

　今回の授業は次のように構成されています。

> ①国語の時間数を量感で確認する。
> ②過去の学習内容の大枠を思い出す。
> ③過去の学習内容の具体を思い出す。
> ④その意義を伝える。

　国語に限ったことではなく、これまでに学習した内容を授業化するとスムーズにいきやすいです。
　それを発問、指示、説明、褒めの４つで構成していきます。
　パーツを理解して、模擬授業の練習をすると上達が早いですので、ぜひ覚えて、実際に活用してみましょう。

講義 ① はじめての模擬授業でもうまくできる方法

人生初の模擬授業
この3ステップで
合格圏内

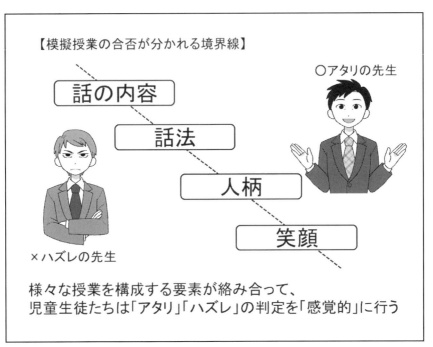

今まで何時間、授業を受けてきましたか？

小学校から高等学校までで通算 10,000 時間近くは受けています。
大学の講義も含めるともっと多くなります。
その中で、いわゆるアタリの先生とハズレの先生がいたと思います。

アタリの先生とハズレの先生。
その違いって何でしょうか。

内容？
話法？
人柄？
笑顔？
どれも間違いではありません。
授業には、様々な構成要素があります。
その全てを短時間で伸ばすことは難しいです。
始めからアタリと言われるような先生はいません。
授業が上達していく中で、少しずつ近づいていきます。
そこで、授業の技術を伸ばしていくことを考えましょう。
3つのステップを紹介します。

> ステップ1：めあて
> ステップ2：導入
> ステップ3：授業の組立

ステップ1は、めあてです。
どのような時間配分で授業を考えればよいのか、具体的なめあてを例に出して考えていきます。

ステップ2は、導入です。
第一印象というのは、よくも悪くも影響が大きいです。
よければ合格に近づき、悪ければそれを取り返すことは難しくなります。
「この受験生は、教師になった姿を見てみたいな」
と思わせるような導入を学びます。

ステップ3は、授業の組立です。
模擬授業は、学校のように45〜50分も行いません。
そこで、短時間で分かりやすい授業を行うための組立を学びます。

これから皆さんは「授業を受ける側」から「授業をする側」になります。
アタリの先生を目指し、同時に、合格圏内の模擬授業を考えていきましょう。

講義① はじめての模擬授業でもうまくできる方法

ステップ1
めあて→
1分で考えるとうまくいく！

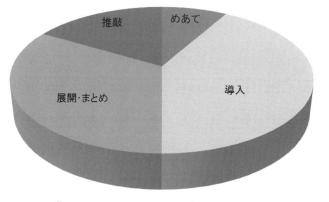

【指導案作成の時間配分】

「導入」や「展開・まとめ」が授業の内容なので、
これらの時間を充分に確保する。
※ 初めて指導案を書く場合は
「めあて」等に時間をかけてしまう傾向がある。

指導案には、授業を行う「めあて」が必要です。
めあては、次のようなものです。

授業で何を学ばせたいかを13文字程度の文にしたもの

めあては型があるわけではありません。
上記のものも絶対にそうしなければならないというものではありません。

しかし、このように定義付けをすると、どのような模擬授業のお題が出ても対応ができます。
　13文字の根拠はNHKのニュース原稿です。ニュースのタイトルは13文字以内で、そのほとんどが表現できるのだそうです。

　さて、この13文字の使い方は、次のような式に当てはめて考えます。

授業で学ばせたいこと	＋	できる
	＋	学ぶ
	＋	考える
	＋	知る

例を挙げます。
算数　：　7の段のかけ算ができる（11文字）
国語　：　俳句の季語について学ぶ（11文字）
道徳　：　命の大切さについて考える（12文字）
学活　：　夏休みのルールについて知る（13文字）

ごくごく簡単なものです。
実際の学校現場でもほとんど変わりません。
与えられた模擬授業の課題を見て、思いついためあてで構いません。
めあてを考える時間は1分以内が目処です。

このように話すと、よく次の質問を受けます。
「最も大切な方向付けをする『めあて』がこんなに簡単でよいのか」
答えは「よい」です。
めあてが大切であることは否定しません。
しかし、もっと重要なことがあります。
授業そのものの中身です。
どのように話し、どのように活動させるかで点数を付けられます。

ですから、めあては短時間で考え、他に時間を割きます。

講義 ①　はじめての模擬授業でもうまくできる方法

ステップ2
導入→
子どもを惹きつけるには？

　準備をする時、一番気合いを入れたいのが導入です。
　それは、導入の一言目だけで授業の印象が大きく変わるからです。
　比較をしてみましょう。

| パターン1　「これから授業を始めます。礼。」
| パターン2　「先生、今日はすごくいい物を持って来ました。」
| パターン3　「先月、大阪城でびっくりするものを見ました。」

パターン1の場合、安定感があります。
ただし、惹きつけるような導入ではありません。
私の小・中学校時代を思い返すと、このような形での挨拶は機械的にやっていただけでした。
毎回毎回、がんばって授業をするぞ、といった気持ちを持ってではなかったです。

パターン2の場合、何が出てくるのだろうというわくわく感があります。
しかし、模擬授業の場合、事前に物の準備ができる自治体は少ないです。
手に持ったフリをして行うことになります。

パターン3の場合、児童生徒は「何を見たのか？」と想像力を働かせます。
それだけではなく、先生自身が体験したことは、児童生徒の興味を惹きつけます。
これをもう少し続けてみましょう。

> 屋根です。
> 屋根の色にびっくりしたのです。
> 何色だったと思いますか？

児童生徒の何人かは、実際にお城へ行ったことがあるでしょう。
テレビや本などで、城を見たこともあるでしょう。
少なくとも全く知らないということはありません。
それは生活経験の中で、知識を得たり、体験したりして、知っているからです。

> 生活経験から導入を考えると、児童生徒が知っている内容で開始できる

ため、一気に集中力を高めることができます。

ちなみに大阪城の屋根は何色だと思いますか。

緑色です。
では、緑の屋根の城は他にどこがありますか。(名古屋城)
他の色は何色がありますか。(白色の姫路城、赤色の鶴ヶ城など)
こういった部分が、授業の展開になっていきます。

もう少し、生活経験からの導入を考えてみましょう。

国語では、校種を問わず短歌や俳句がよく出題されます。
その場合は「石碑」を扱う方法があります。
「学校にある石碑、書いてある内容を知っていますか」
他にも、
「神社やお寺、公園など、様々な場所に石碑があります。
　皆さんはどこで見たことがありますか。」
といった導入でしたら、身近なところから学習に入れます。

算数・数学の場合は、様々な所に学習内容と関連する数字があります。
わり算を例にします。
「先生が小学生の頃、よくお母さんから３等分しなさい、って言われました。
始めは意味が分からなかったのです。
意味を教えてもらうと、３人で同じように分けることでした。
皆さんも、同じように分けなさいって言われたことありませんか。」

模擬授業では、このような導入を２～３分で行います。
あまり長くなるようなものは避けます。

学校現場の授業では、一般的に次のような時間配分となります。

```
 5～10分間　　導入
10～40分間　　展開
40～50分間　　まとめ
```

導入の時間は、10 〜 20％です。

模擬授業にあてはめると１分程度です。
しかし、１分ではあまりに短いですね。
そこから考えると、

| 模擬授業の導入時間は２〜３分程度 |

が適正となります。
　２〜３分程度での生活経験から考える模擬授業の導入、いろいろ考えてみましょう。

【いきなり教科書はダメ？】
　結論から述べると、全く問題ありません。
　生活経験から考える導入をオススメしているのは、その方が惹きつける導入となりやすいからです。

　よくある質問で、
「惹きつける導入でなければ合格しないのではないか」
といったものもありますが、それも大きく関係はしません。

　大切なのは『自分自身の自然体をよい形で出せるか』です。
　誰でも、自分のことは話しやすいです。

　受験者の皆さんと今まで多く接してきた中で、自然体になりやすい導入は何かを考えた結果、このような導入をオススメしています。

　私と一緒に採用試験を目指してきた方たちは、教科にもよりますが、生活経験からの導入が約６割、教科書や教材からの導入が約４割です。合格率はほぼ同じです。

　皆さんにとってやりやすい導入を試してみてください。

ステップ3　授業の組立→変化のある繰り返しで構成しよう

　導入部分がうまくいったとして、授業の核となる「展開」部分をどのように進めていけばよいのでしょうか。学校の授業でよく使われるのは、

変化のある繰り返し

で構成することです。
　これについて説明した模擬授業があります。
　小学校5年生、社会科「日本の農業」の第一時です。

①	※導入 ・みなさんの知っている野菜をできるだけ多く書きましょう。
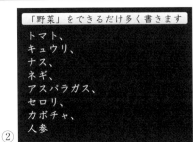②	※導入 ・思いつくものはありますか。 　→トマト・キュウリ・ナス… ・そうです。 ・そのように書いていきます。 ・発表させる。

 ③	※導入 ・画面のようにたくさんあります。
 ④	※展開「変化のある繰り返し」 ・それでは日本で育てられている野菜は何種類あると思いますか。参考までに世界の野菜の種類は800種類あります。 →150種類です。
 ⑤	※展開「変化のある繰り返し」 ・それでは日本で育てられている150種類のうち何種類が日本原産の野菜だと思いますか。 →20種類です。
 ⑥	※展開 ・これらの野菜が日本原産です。読めるものはありますか。 →読ませる。

⑦ 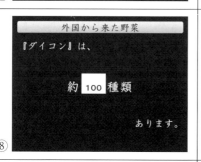	※展開 ・みんながよく食べる大根。これは何時代に外国から来ましたか。 →室町時代です。
⑧ 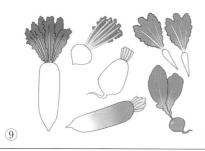	※展開「変化のある繰り返し」 ・大根といっても様々な種類があります。スーパーで売っている青首大根、有名なところですと桜島大根… 何種類くらいあると思いますか。 →大根だけでも100種類あります。
⑨	※まとめ ・野菜だけで考えても、日本のもの、外国から来たもの、身近な野菜、様々な見方があります。 日本の農業について、これから勉強していきましょう。

　この授業は、変化のある繰り返しが3回使われています。
　また、それを活かすために次の工夫をしています。
　第一に、内容です。
　野菜全体、日本原産の野菜、1つの野菜（大根）と広い枠組みから狭い枠組みにしています。
　第二に、網羅です。
　何種類あるかを聞きながら、枠組みごとに網羅しています。

第三に、数値化です。
多くあるということを数値で分かるようにします。

このようにしながら授業の展開を構成していきます。

```
授業の作り方
①内容の精選  ・・・ 野菜（テーマ確定）
②網羅する    ・・・ 野菜の種類
③数値化      ・・・ １５０種類

④内容の精選  ・・・ 日本原産の野菜
⑤網羅する    ・・・ 日本原産の野菜の種類
⑥数値化      ・・・ １００種類

⑦内容の精選  ・・・ 外国渡来の野菜
⑧網羅する    ・・・ どの時代
⑨数値化      ・・・ ダイコン１００種類
```

　採用試験の模擬授業では、教科書教材を使うことが多いです。
　教科書の構成は、このような「変化のある繰り返し」を使いやすいものになっています。

分かりやすいのが算数や数学です。

始めに、例題が出され、解き方を学びます。
次に、解き方に少し工夫が必要な問題が出され、応用を学びます。
最後に、練習問題で、解き方の習得を図ります。

　コツを掴むまで少し時間がかかるかもしれませんが、こうした授業方法があることを知っていると考えやすくなるかと思います。

講義②　あなたが「評価」される項目を分析

誰が
あなたを採点するのか

模擬授業の採点を誰がするか、ということです。
このようにお話すると、大抵会場は「ハテナ」という雰囲気に包まれます。
簡単すぎる問いだからです。
試験官ですね。

その試験官は、普段何をしているのでしょうか。
教育委員会の管理職や現役校長が多いです。
行政職・教育職の管理職と呼ばれる方が受験生を採点します。

講義2 あなたが「評価」される項目を分析

　さて、みなさんが教育委員会や現役校長の試験官だとしたら、下のどちらを採用しますか。

A 「失礼します」と元気よく入室。こちらの応答に笑顔で「はい」と答える。模擬授業開始時には、スッと立ち上がり、落ち着きを感じさせる早さで黒板の方へ向かう。
B 「失礼します」と言って入室するが、目線が泳いでいる。こちらの応答に緊張した表情で「はい」と答える。模擬授業開始時には、丁寧にイスを引き、立ち上がったものの、走るような早さで黒板に向かう。

比較をすれば、ほとんどの方がAを選択するでしょう。
しかし、実際にはBの受験生が多いのです。

筆記試験や面接試験とは異なります。
模擬授業は教員採用試験にしかない試験科目です。

受験生はどうしても緊張してしまいます。
それが表に出てしまうのです。

どうしたらそれを避けられるのでしょうか。
まずは「知ること」です。
相手も普段、教育の仕事をしていて、試験のために呼ばれた管理職の方。
そして、みなさんは、それを見てもらう受験生。

>　合格発表から半年後には、教壇で児童生徒の前に立ち、荒いながらも堂々と授業ができることを知っていただく。
>　今日はそのための試験だ。

　上記のように考えるだけで、受験の時の気持ちが少し変わってきます。
　授業自体は拙くても、荒くても、教育に興味があり、一生懸命に試験のために努力してきた。
　それを伝える試験だと分かれば、模擬授業自体がやりやすくなります。

講義2 あなたが「評価」される項目を分析

「模擬授業」で何を評価される？

試験官はどのような「先生」を求めているか

「教師としての資質」
① 児童・生徒を成長させる
② 保護者・地域から信頼を得る
③ 先輩教員と協調できる

↓

〈いつの時代にも求められる資質能力〉
専門的職業である『教職』に対する愛着、誇り、一体感に支えられた知識、技能の総体

↓

模擬授業で受験者の
「児童・生徒を成長させるための知識や技能」
を評価する。

それでは、試験官は模擬授業でみなさんの何を評価するのでしょうか。簡単に言うと、

> うち（受験自治体）に来て、先生としてがんばっていけるか

ということです。児童生徒を成長させ、保護者や地域から信頼を得られ、既に先生となっている先輩教員と仲良くできるか。

これらのうち、模擬授業では、「児童・生徒を成長させ」の部分を評価することになります。

こういった要素を「教師としての資質」と言います。
文部科学省では、次のように言っています。

〈いつの時代にも求められる資質能力〉
専門的職業である『教職』に対する愛着、誇り、一体感に支えられた知識、技能の総体

模擬授業で、愛着や誇りはなかなか評価しにくいです。
となると、知識、技能。
授業をするための知識や技能ということになります。

合わせて考えていくと、

模擬授業で評価するのは、児童・生徒を成長させるための知識や技能

となります。

先程の文部科学省のホームページでは、更に、
・今後特に求められる資質能力
・得意分野を持つ個性豊かな教員の必要性
と続きます。
また、各自治体によって、特に重点的に「こんな先生を必要としている」というものがあります。

そういったこともチェックしておくとよいかと思います。

《参考》
文部科学省HP　2　教員に求められる資質能力について
1．教員に求められる資質能力

講義2 あなたが「評価」される項目を分析

×を取れない「模擬授業」

評価項目	○△×
指導力 熱意と迫力	
指導力 児童・生徒の掌握	
指導力 発問の工夫	
指導力 わかりやすさ	
表現力 聞き取りやすさ	
表現力 適切な用語	
表現力 板書	
表現力 身体的な表現	
指導案 教材観	
指導案 導入	
指導案 展開	
指導案 終末	
指導案総合	A・B・C
総合評定	A・B・C・D・E

「児童・生徒」を成長させるための『指導力』『表現力』『指導案』

教師の『人物』そのものを評価される

「×」をとってはいけない！

模擬授業での「知識や技能」の評価方法を知っておきましょう。
ゴール地点がどこにあるかを知っておくことは学習の原則です。
ここで言うゴールは、

> 教員採用試験の模擬授業で合格ラインに入る

ことです。

評価は○△×のような三段階で構成されています。

○が「優秀」
△が「普通」
×が「劣る」

筆記試験の場合は捨ててもよい場所があります。
7割前後の正答率さえ確保すれば、苦手分野があっても大丈夫です。
ところが、模擬授業や面接では、

| 一箇所でも×を取ると合格は難しい |

です。

人物重視の採用試験になったことで、×（劣る）は不合格に直結します。
そうなってくると、左の評価項目の場合「指導力」「表現力」「指導案」の3つ、いずれも捨ててよい場所はないということになります。

まんべんなく評価を得ることが合格につながります。

《参考》
文部科学省ＨＰ　教員採用等の改善について（通知）（一部抜粋）
1．人物重視の採用選考の実施等
(1)　教員の採用選考に当たっては、単に知識の量の多い者や記憶力の良い者のみが合格しやすいものとならないよう配慮し、筆記試験だけではなく、面接試験や実技試験等の成績、社会経験、スポーツ活動、文化活動、ボランティア活動や大学等における諸活動の実績等を多面的な方法・尺度を用いて総合的かつ適切に評価することにより、より一層人物を重視した採用選考を実施し、真に教員としての適格性を有する人材の確保に努めること。

講義②　あなたが「評価」される項目を分析

分かりやすい言葉に変換して「指導力」を分析

「指導力」の評価方法

指導力は「知識」「技能」というキーワードに置き換えてみよう

熱意や迫力　　　…【技能】はっきりしたよく通る声

児童生徒の掌握　…【技能】児童生徒を動かす指示

発問の工夫　　　…【知識】おっと思わせるような話

わかりやすさ　　…【技能】不要な話や言葉の削除

何に気を付けたらよいかを分析して模擬授業に臨む！

前ページの評価の項目を1つずつ見ていきましょう。
まずは、「指導力」です。

熱意と迫力、児童・生徒の掌握、発問の工夫、分かりやすさ。
4項目があります。

分かったこと、気が付いたこと、ほんの少しでも思ったことはあるでしょうか。

講座を受講した方が必ずおっしゃるのは、次のようなことです。

「熱意と迫力をどうしたらよいだろう」
「考えやすいのは、発問の工夫」
「分かりやすさが分かりにくい」

感覚的な項目が多いのがお分かりでしょうか。
○○ができたら正解というのがないため、分かりにくいです。

　でも、それぞれを「知識」、「技能」というキーワードで括ると少し分かりやすくなります。

　試験官が第一印象を感じる模擬授業の導入部分で考えると、左の表となります。

「発問の工夫」が考えやすかったのは、知識を問う項目だからです。
他は、技能面ですから、印象になりやすい面があります。

　でも、こうして知っておくと対策がしやすいですね。

「熱意や迫力」は、始めの一音から聞き取りやすい口の開きをして、面接室の後ろまで届く声。

「児童・生徒の掌握」は、書かせたり、発表させたり、考えさせたり、といった全員を動かす指示。

「分かりやすさ」は、「それでは、これから国語の詩について考えていきたいと思います」のようにではなく、スパッと「詩の授業をします」のように端的に話を行うこと。

　それらを1つずつよくしていくと模擬授業の「指導力」の項目で合格点が取れるということになります。

「表現力」の評価は
30秒以内で確定！

「表現力」の評価方法

先生としての雰囲気を出す「知識」と「技能」

聞き取りやすさ　　…【技能】一文を短く、主述関係明確

適切な用語　　　　…【知識】断定して言い切る

板書　　　　　　　…【知識】板書方法

身体的な表現　　　…【技能】机間指導や身振り・手振り

評価は30秒以内。導入に力を注ぐ。

次は、表現力です。
聞き取りやすさ、適切な用語、板書、身体的な表現。

先程よりも何となく目に見えやすい印象を受けるのが分かるでしょうか。
ということは「知識」でしょうか。
それとも「技能」？
考えながら読み進めると、力になります。

例えば、板書です。

講義②あなたが「評価」される項目を分析

```
板書　…【知識】読みやすい板書の方法
　　　　【技能】立面に文字や線を引く方法
```

　同じ項目でも「知識面」「技能面」の両方で考えることができます。
　このような場合は重きを置いている方で考えます。

　知識としては、文字・表・グラフなど様々な教科・領域で知っておく必要があります。
　技能の立面に文字や線を引く方法は、少し練習すれば習得可能です。
　そこで、ここでは「知識」とします。

　左の表のように「知識」と「技能」が半々に分かれました。

　表現は大きく分けて３つの方法しかありません。
　話すか、書くか、身振りか、です。

・話し方は、結論をまず言うこと、断定すること。
・書き方は、構造的に全体が分かるようにすること。
・身振りは、停止している時と、動いている時のメリハリをつけること。

　このような部分がポイントとなっていきます。
　教員採用試験の講座で受講生の「表現力」を指導する際に感じるのは、

```
模擬授業開始から30秒以内で「表現力」の評価は終わっている
```

ということです。
　これらのことは「雰囲気」という一言で表せます。
　試験官にとって雰囲気を感じるのは、30秒もあれば充分です。

　表現力の評価を得るためには、開始時の動きや話し方が最重要。
　これは学校現場に出てからも同様です。
　「先生」としての自信を見せられるように練習をしましょう。

講義2 あなたが「評価」される項目を分析

誰かと話していて、その声や話し方が気に掛かる時ってありませんか。
「声が大きすぎるな」
「えー、って何回言うのだろう」
「何となく聞こえづらい」
といったものです。

　これらは、その方が持つ話し方のクセで、修正しようと思っても難しいです。それは、

| 本人はクセに気が付かない |

ためです。
　直すためには、誰かに指摘してもらう必要があります。
　模擬授業講座で、そういった内容があるのですが、受講者の方からすると戦々恐々です。

　顔を真っ赤にして恥ずかしがる。
　エアコンが効いているのに汗が流れる。
　手が震える。
　そんなことはザラにあります。

　今まで自分で気が付かなかったクセを修正するのですから、緊張します。

| 本番でクセを出すより、練習で直した方がよい |

ですので、遠慮なく指摘しています。

　２時間ほどの講座で、あっという間に一応の修正はできます。
　一応というのは、それまで20年以上もクセと付き合ってきていますから、そこで完全に直すことはできないからです。
　ポイントが分かれば、その後の生活の中で修正をしていけるということになります。

【１分間に300文字】
　ＮＨＫのアナウンサーは「話し方の見本」だと言われます。
　例えば、話すスピードは１分間に300文字。
　これが最も聞き手にとって、分かりやすいスピードなのだそうです。
　この見開き２ページが約600文字。
　みなさんは「２分」でこのページを読めますか？
　引用：【ＮＨＫ式＋心理学】一分で一生の信頼を勝ち取る法（矢野香氏、ダイヤモンド社）

ポイントを分かりやすくするためにチェックシートを紹介します。
講座で実際に使用しているものです。

【聞き取りやすさチェックシート】

	チェック	項目
文頭		①「えー」「では」など不要な言葉の削除
文頭		②一文字目をはっきりと言う
語尾		③語尾まではっきりと言う
抑揚		④全体的に大きすぎたり、小さすぎたりする声ではないか
抑揚		⑤強調したい部分を力強く言えるか

たったこれだけ？と表情に出す方が多いです。
そう、たったこれだけです。
しかし、これらは皆さんが子どもの頃に気に掛かった点ではありませんか。

校長先生が全校朝礼で「えー」という回数をカウントしたことがある方はいらっしゃいますか？

めちゃくちゃ大きな声でしゃべる先生に対して、「場を考えようよ」と思ったことがある人？

抑揚がなく、何が大切かよく分からない授業をする先生に当たったことがある人？

これらは、誰にとっても多少の経験があることかと思います。
上記の項目は、少ないですが、先生になったときによくない例として挙げられるものなのです。

講義2 あなたが「評価」される項目を分析

　試験官に「先生になってもらいたい」と感じさせるため、こうした話し方を修正しておく必要があります。

　講座であれば、その場で指摘を受けて修正できます。
　そうではなくても、自主的に行う練習方法があります。

| シャドーイング |

という方法です。
　YouTube などの動画サイトを閲覧したことがある方は多いかと思います。
そういった、

| 上手な方の話し方を真似して、全く同じことを同じように言う練習 |

をするのです。

　文字にしてみます。
【お手本】皆さん、おはようございます。7時のニュースを〜
【練習者】　　皆さん、おはようございます。7時のニュースを〜

単語1つ分くらい遅れて追いかけていきます。
始めは全くできません。
自分自身のクセがシャドーイングの邪魔をするのです。

慣れてきたら、その時の表情や身振り手振りを追加していきましょう。

30回の練習で追いつけるようになる、50回で表情、80回で身振り手振り。
回数を重ねるごとに余裕が出て、様々な点に気が付くようになります。

動画サイトでは、同じ音声を何度も聞けます。
シャドーイングをして、話し方をよりよい方向に修正していきましょう。

講義②　あなたが「評価」される項目を分析

話し方→
クセをなくし、
分かりやすい動きをする練習

授業から「無駄な動き」をなくす。
これは、スポーツや音楽の経験者はイメージがつきやすいようです。

スポーツでは、それがロスになり負けにつながります。
音楽では、楽器の音量や伸びが出なくなります。

授業では、どのような影響が出るのでしょうか。
例えば、授業内容が全く頭に入らない、といったことが起きてしまいます。
私の駆け出しの頃の話です。

講師1年目。
採用試験に落ちて、常勤講師として4年生の担任をしました。
明け方まで遊んで、次の日の学校へ行く。
週の半分は、その繰り返しでした。

6月に研究授業がありました。
学校中の先生が見に来ます。
普段の生活は適当でしたが、それなりに準備をして当日に臨みました。
自分自身ではまあまあの出来映え。
終了後の研究会で、様々なご指摘をいただきました。
概ね「よく分からない」といったものでした。
具体的に言われたこともありました。

> 手の動きが気にかかって、全く内容が入ってこない。

初めは何を言っているのか分かりませんでした。
動画を見て愕然としました。

ずっと右手を上下に振っているのです。
かっこ悪くて、恥ずかしくて、見ていられません。
動画を5分程飛ばして見ても、やはり手を振っています。
工事現場の人形のようです。
どの場面でも同じでした。
自分でもなぜそれをしているのか分かりません。

でも、話している時はもちろん、児童を待っている時もしています。
私のクセは45分継続して行われていました。
　子どもたちに本当に悪いなと思い、それから教師としての勉強をきちんとするようになりました。

　私の場合は、手の動きでした。
　他にはどのような「無駄な動き」があるのでしょうか。

受講者の皆さんの動きを見ていると、大きく３つに分類されます。

| ①教科書などのテキストを見続ける |

児童生徒を見ず、テキストをずっと見てしまうのです。
安心するから、という方が多いです。
試験の際、子役は分からないとそれを表情に出します。
そういう状態になると模擬授業をしている受験生も不安になります。
受験生の心情としては分かるのですが、目線は上げるべきです。

| ②身体の一部が動き続ける |

先程の私の場合は手でしたが、他の部位も多いです。
首を傾げる。
手を振る。
足踏みをする。
しゃべるたびに小刻みに身体が上下する。
様々な動きがあります。

| ③オーバーアクション |

児童生徒に指名するなど、言葉や手で動くよう指示する時に多いです。
身体全体を使って、まるでミュージカルのように動いてしまいます。

私が担当する講座では、こうした動きを動画に撮ることが多いです。
無駄な動きをなくす第一歩が、

| できていない事実を認めること |

だからです。
　昔の私のように「ここまでひどいとは…」と絶句される方が多いです。
　恥ずかしいと思います。
　しかし、これを乗り越えて身に付けた技術は、現場でも活きます。

　無駄な動きを把握した後の練習方法です。

一番よいのは、

| 日常生活の中で1つだけ意識する |

ということです。
　動きのクセは2つ以上ある場合が多いです。
　それを1つずつ修正していきます。
　直そうと思うクセだけを意識して、出してしまったら気をつけようと思う。
　これを繰り返すと、だいたい1ヶ月程度で直っていきます。

　授業内容はもちろん大切ですが、その前段階となる「無駄な動き」の削除についても練習をしていきましょう。

【習慣付けは難しい】

　今回は無駄な動きを削除するという「習慣付け」の話でした。
　対教師や受験者でしたら、このようなよりよい授業技術を身に付けようという話になります。

　この「習慣付け」は対児童生徒にもよく使われる言葉です。
　全国学力・学習状況調査の項目では生活習慣についての調査があります。
　文部科学省では「子どもの生活習慣づくり支援事業」といった調査も行われています。

　習慣という言葉がよく使われるのは、よい習慣を身に付けることがなかなか難しいからかもしれません。

　「完訳7つの習慣（スティーブン・R・コヴィー氏他）」
　「ぼくたちは習慣で、できている。（佐々木典士氏）」
　といった習慣付けのベストセラーを読んでみるのもよいかと思います。

講義②　あなたが「評価」される項目を分析

板書術→
初めてチョークを握る人への
　　　　　　　　　　ヒント

　チョークを全く握ったことのない方はいないと思います。
最も多いのが子どもの頃です。
授業や休み時間に書いた経験がある方が多いですね。

　しかし、その当時は、文字の美しさや書く早さは求められていないかと思います。
　採用試験での板書は、美しさ、書き方について、留意点がありますので、

それらについての学習です。
　まずは板書技術についてです。

| ①できるだけ短く書く |

　見逃されがちですが、重要な項目です。
　板書の場合、ノートに書くよりも文字が大きくなります。
　また、皆さんは壁面に文字を書くことに慣れていません。
　となると、時間がかかるのです。
　約10文字で1分かかります。
　模擬授業の時間は約10分。
　10文字書いただけでも、1分間、児童や生徒に背を向けながら授業をすることになります。
　板書は最低限の文字数にすることが鉄則です。

| ②導入とめあての間に書く |

　これは、授業内容にもよります。
　しかし、大半の場合は、いきなり板書を行うよりも、1〜2分程度、授業の導入をしてから書いた方がよいです。
　これは試験官の心証によるものです。
　授業冒頭で笑顔で子どもに向かって問いかける先生。
　背を向けて板書をする先生。
　どちらかというと前者の方が、心証がよくなりやすいです。

| ③筆順ミスをしない |

　減点対象です。板書内容を決めてから試験に臨めますので、分からない漢字は書かないようにしましょう。
　板書する機会が多く、間違えやすい筆順の漢字は、
　「左」「右」「図」「何」「式」「比」
などがあります。

> ④縦書きの数字は漢数字

授業で月日を書く場合があります。
国語限定ですが、月日を書く際には漢数字で書きます。

> ⑤まっすぐ書く

練習したかがチェックされる項目です。
練習すれば、すぐに改善するからです。
特に横書きの場合、書いていくにつれて、徐々に右肩上がりになります。
修正方法は、黒板の端を見る、というのが効果的です。
2～3文字に一度、黒板の端を見て、位置確認をすると真っ直ぐ書けます。
横書きの場合、書いている位置から黒板の右端を見るといった形です。

次に練習方法です。
学生は大学で、講師は学校で実際に書いてみましょう。

> A　書く内容
> 　　月日
> 　　めあて
> 　　数式や短い文章
> 　　これらを3行で板書

月日は「7月10日」のように書きますか？
　それとも「7／10」と書きますか。
　どちらでもよいのですが、本番でためらわないことが大切です。
　多くの受験生を見ている試験官は、そういう一瞬の動きで練習不足を感じます。

> B　書くもの
> 　　黒板とホワイトボード

壁に設置されているという点では共通しているのですが、書き心地が全く違います。

　先生でも、黒板ではキレイな文字を書くのですが、ホワイトボードは苦手という方が多いです。
　両方で練習をしましょう。

C　記録

　板書も授業そのものもですが、写真や動画を撮っておくことをオススメします。
　見返すのは恥ずかしいのですが、「記録」をすると、他の方からの指導をいただけたり、自身の修正に活用することができます。

【筆順指導の手引き】
　筆順がいつ決められたか知っていますか？
　1958年（昭和33年）に決められました。

筆順指導の手引き（文部省）

が元になっています。
　それまでも筆順という考え方はあったのですが、何通りかの書きやすい順序のうちのいずれかを行えばよいという指導だったのです。
　この手引きにより、指導が効率的に行えるようになりました。

　ちなみにこの中に次のような項目があります。

教師の板書は、つねに定められた筆順によって書くようにしたい

　採用試験で重要視されるのには、このような考えが根底にあるというのを知っておくとよいですね。

講義③ 授業をレベルアップする指導技術6

指名→
「分かる人？」指名の
ワンパターンから抜け出そう

　教師が児童生徒の考えを確認する方法は、大きく2つに分けられます。

| 話す | … | 発表する、友だちなどと相談する |
| 書く | … | ノートに書く、黒板に書く |

　これらのうち、よく使われるのが「話す」の「発表」です。
先生の中では「指名」という用語が使われます。

実際の場面で考えてみましょう。
小学校での場面です。
「お米がよく取れる都道府県とその理由を答えなさい。」
と発問したとします。

【ありがち】単調な対応
何名かの児童が手を挙げます。
先生がその中から1人を選びます。
「Aさん、どうぞ」
「山形県です。テレビのコマーシャルでお米を紹介していたからです。」
「Aさんは、山形県だと考えました。たしかにつや姫というお米の種類のコマーシャルがありましたね。他の人はどうですか。」
この繰り返しです。

このような対応をすると、先生とAさんら数人の間だけで授業が進み、他の人達は何もしていない状態になります。
繰り返すと、授業そのものが単調になっていきます。
それを少しでも軽減させるために、いくつかの指名方法が使えるようになることが必要です。

【指名方法1】複数人指名
何名かの児童が手を挙げます。
先生がその中から3名選んで、立たせます。
「Aさん、B君、Cさん、立ちましょう。
同じ考えでも最後まで発表してください。
みんなは、なるほど、と思った意見をノートに書きます。」

複数人を指名することで、様々な意見が出るようになります。
聞いているだけだった発表をしない子どもたちは、聞くだけではなく、ノートに書くという作業も生まれます。
授業がより活発になります。

【指名方法２】列指名
　比較的簡単な質問をする時に使います。
　先程の発問でしたら、２段階に分けて使います。
「お米がよく取れる都道府県を答えなさい。
この列の人は全員立ちましょう。
前の人から発表します。」
列の児童全員が発表を終えたら、
「○○県、□□県、△△県が出ましたが、その理由を発表するのに挑戦したい人は手を挙げましょう。」

　都道府県を言うだけなので、難度が下がります。
　難度を下げるという「児童役が答えやすい環境を作る」という配慮をした上で発表をさせます。
　手を挙げた能動的な児童だけではなく、受動的な児童にも発表をさせることができます。

【指名方法３】書いた後に複数人指名
「お米がよく取れる都道府県とその理由をノートに書きます。
　（机間指導）
Ａさん、Ｂ君、Ｃさん、発表をします。」

　始めにノートに書かせます。
　他の児童が考えていない意見を出させる時に効果的なのですが、理由はそれだけではありません。
　発表が普段なかなかできない児童でも「ノートを読み上げる発表」はハードルが下がるのです。

　これらの発表には共通点があります。

１対１対応をしない

ということです。

教師と特定の児童生徒だけで進める授業になると、
　「先生と賢い児童生徒だけの授業」
になってしまいます。

　教室には様々なお子さんがいます。
　その全員と一緒に授業を作り上げていくという気持ちが、指名方法に現れます。

　ただし、複数人を指名することは、1人だけを指名することよりも時間がかかります。
　これは、

> 教師が復唱をしない

ということで避けられます。
　児童生徒が発表した後に、先生がそれを復唱する場面がよく見られます。
　単純計算でも、2倍の時間がかかることになります。

　それだけではなく、児童生徒よりも、先生が長く話すこともあるのです。
　児童生徒の発表に、先生が意見をかぶせた場合です。

　これはほとんどの場合がデメリットになります。
　「○○さんは、こう言いたいんですよね？」という感じで、教師が意図した形で授業を強制的に方向付けてしまうことがあるからです。

　教師が誘導しながら進めた授業は面白さに欠けます。

　指名方法や指名後の対応を工夫することで、授業はよりすっきりと展開できます。
　児童生徒が能動的にもなります。
　様々な指名方法を学習していきましょう。

講義③ 授業をレベルアップする指導技術6

表情→
笑顔づくりトレーニング
100回を目安に！

脳の「海馬」が記憶の中枢

「笑顔」になると、安心感を覚え、記憶力がUP！

　笑顔で成績がよくなります。
　これは脳科学の研究で言われていることです。
　脳には海馬という記憶の中枢となる部分があります。
　笑顔を見たり、自分自身が笑顔になったりすると、この海馬が活性化するのです。

　教室が明るい雰囲気になるからというだけではなく、より成績を伸ばすためにも、先生の笑顔は大切です。

ところが、教員採用試験対策講座では、みなさん笑顔が苦手です。

　面接練習で、
「子どもたちと笑顔で明るいクラスを作っていきたいです」
と話す受験生の方が多くいます。
　そうした受験生が、模擬授業で固い表情になっています。
　笑顔はあっても一瞬だけ。
　思い出したようにニコッとするだけです。
　すると、子役の受験生もあっという間に固い表情になっていきます。
　とても明るいクラスにはなりそうもありません。

　ところが、練習が終わると、自然な笑顔で周りの方と話しています。
「さっきの緊張した～」
と言いながら、談笑をしています。

　こういう場面を多く見ます。
　どうしてこのようなことが起きるのかには、原因があります。

緊張場面での笑顔

を経験していないからです。

　面接は、大人対大人です。
　ある程度予測ができる質問が出ます。
　内容だけではなく、表情も対策がしやすいのです。

　模擬授業は違います。
　授業経験がほとんどない。
　目の前には他の受験生というライバルがいる。
　試験官が採点をする。
　緊張をする条件が整っています。
　そうした場面での「笑顔」は難しいです。

しかし、学校では、こうした「緊張場面での笑顔」が重要です。
3例挙げます。
これらの場面でこそ、求められる表情です。

【例1】難しい学習

難しい学習単元の時に、先生が固い表情をしていては、児童生徒も固まってしまいます。
つまらないと思わせたら、海馬が活性化しないので記憶力は低いままです。
そのような単元でこそ、笑顔で効果的に学習を進める必要があります。

【例2】万引きをしてしまった児童や生徒への対応

これは、生徒指導の時も同じです。

先生が固い表情で「なぜやってしまったんだ」と聞いた場合。
ありきたりの反省は述べるでしょう。
しかし、その背景の家庭環境や本人の悩みは引き出しにくいです。

先生が笑顔ではないにせよ、柔らかな表情で「なぜやってしまったんだ」と聞いた場合。
反省だけではなく、その背景まで引き出せる可能性があります。
次への防止策を行うことが可能です。

【例3】地震などの災害時

集団行動の際に、各担任が、
「逃げろ！」
という指示をしたらパニックが起きます。
笑顔で安心感を与えつつ、指示は緊張感をもって行う、ということができると、より安全に避難ができます。
さて、話を戻します。

緊張場面での笑顔。
これは鍛えられます。
2つの方法を紹介します。

①鏡の前で笑顔の練習をする

洗顔をする際などに、「笑顔をつくる」時間を設けてください。
1分もかかりません。
筋肉はどこを動かしているのか。
目尻はどのくらいあげるのか。
口を閉じた場合と開いた場合の違いは何か。
そういったことを「毎日」繰り返します。

②場数を踏む

教員採用試験対策講座では、

教員採用試験対策講座	…	50回
教員採用試験仲間	…	40回
大学の先生	…	5回
教育実習	…	5回

のように、100回の練習を推奨しています。
1回の時間は1〜2分程度で充分です。
授業の導入部分で笑顔ができているように心がけましょう。

練習時には、その時、周囲にいる仲間などに、
「表情はどうだった？」
と評価してもらうとよいかと思います。
「緊張場面の笑顔」の練習。
ぜひやってみてください。

講義3 授業をレベルアップする指導技術6

褒める→
「やろうとしていること」
気付いて褒めよう

児童生徒にとって褒められていると感じるか

褒められていると感じる	褒められていないと感じる
名前を呼ぶ	名前を呼ばない
笑顔	表情が硬い
目を合わせている	目を合わせていない
抑揚がある	抑揚がない
レパートリーがある	単一の言葉で褒める
褒めっぱなし	褒めた後に「○○したらもっとよくなる」と伝える

教師が褒めた「つもり」でも、
児童生徒が褒められたと感じるかは別。

伝わる『褒め』を意識！

学期末に児童生徒向けにアンケートを採る学校があります。
その結果をまとめている時に若手の先生から多く聞かれることが、
「私、そんなに褒めていないかな。」
「怖い先生だと思われているみたいだ。」
といった言葉です。

　褒める、というのは、児童生徒に伝わって、初めて褒めるという状態になります。

教師が褒めているつもりでも、伝わらなければ意味がありません。それが若手の先生には、分かっていないのです。

 模擬授業でも同じことが言えます。

 褒められていると感じる時とそうではない時の比較表を見てみましょう。
 原則としては、左の表のようになります。
 一項目ずつ見ていきます。

【名前】
 クラス全体や「１班のみんなが上手でした」のように集団を褒める場面があります。
 もちろん、そういう場面があってもよいです。
 多くの児童生徒によりよい方向を示します。
 しかし、褒められたと伝わるのは個人を褒めた時です。

 採用試験では、名前が分からない時もありますので、
 「Ａさん、よい意見です。」
のように名前を呼びます。

【表情】
 笑顔は前項でも紹介しました。
 硬い表情のままでは伝わりません。
 笑顔で伝えます。

【目を合わせる】
 緊張場面では安心するところを見てしまいます。
 模擬授業で多いのは、教科書を見たまま褒める、板書をしながら褒める、といった「ながら褒め」です。
 児童生徒の目を見ながら褒めましょう。

【抑揚】
　模擬授業の練習をしている受験生に多く見られます。
　まるで文章を読んでいるような褒め方をしてしまいます。
　児童生徒の活動が終わるたびに「すばらしいです」と機械的に褒めても伝わりません。
　すばらしいと感じていたら、本来は言葉遣いが変わるはずです。
　調子を上げて伝えます。

【レパートリー】
　毎回、「よかったね」といった単一の言葉を繰り返す褒め方です。
　２回目、３回目には、何が「よかったね」なのか分かりません。
　短い言葉で伝える場合でも、
　「よかった」
　「すばらしい」
　「上手」
　「さすが」
　「立派」
　「先生でもできない」
など、様々な言葉を使えた方がよいです。

【褒めっぱなし】
　教師によくある褒め方なのですが、褒めた後に「○○したらもっとよくなる」ということがあります。
　これ、みなさんはどのように感じますか。
　児童生徒は、このように褒められると「叱られている」と感じます。
　褒めたら、褒めっぱなしが原則です。

　また、褒める場面も重要です。
　児童生徒が、努力をしたり、何かを成し遂げたりした時に褒める。
　これは大切なのですが、それでは必要な褒めの１／３にしかなりません。
　あと２つあるのです。

1つは、

繰り返し褒める

ということです。
　発表の内容がよかったことを褒める場面を例にします。
　発表直後に次のように言ったとします。
　「○○さんの発表はすばらしかった！」
　これで終わるのではなく、しばらく経ってから「さっきの○○さんの発表がここでも活きてきます」のように、繰り返し話題に挙げます。
　繰り返すことで、褒めの力が何倍にもなっていきます。

　もう1つは、

やろうとしたことを褒める

ということです。
　「さっそく教科書を出そうとしたね、早いね」
　「発表しようとしたのか、さすがです」
　「考えようと鉛筆を持ったことが素晴らしい」

　どれも実際には行動をしていません。
　しかし、このような褒め方ができれば、よい方向を示すことができます。

　本来、褒めるという行為は、自然と出るものです。
　技術で行うものではありません。

　しかし、褒めが伝わらなければ、意味がありません。
　褒めは、個人やクラスを望ましい方向へと導く役割があるからです。
　ちょっとしたコツを知り、使いこなせたらと思います。

子どもと目を合わせる→
時間は1秒でOK

　褒めと同じように「できているつもり」になりがちなのが、目線です。

　学校では、1対多数になるので、全員と同時に目線を合わせることは、物理的に不可能です。
　それでも、よく目が合う先生、全く合わない先生がいます。
　ぜひ、大学の講義や教育実習、他の先生の研究授業などでチェックしてみてください。
　現役教員でもなかなかできていないことに気が付くかと思います。

模擬授業では、目線を合わせることが必要です。
試験官から、

> ゆとりをもって、教室の状態を把握しながら授業を進めている受験生

と認識されるからです。

目線を合わせる練習では気を付けるポイントがあります。

1　1秒

右から左に顔を振って「児童生徒を見た」という受験生が過去にいましたが、これでは目線は合っていません。
0.2秒以上で「お互いに目線が合った」という状態になるそうですが、受験生は1秒を意識しましょう。
数え方は「ゼロ、イチ」です。
目が合い始めたらゼロ。
目を離す時がイチとします。
このようにすると、短すぎず、長すぎずの時間で自然と目を合わせることができます。

2　話をするときは児童生徒を見る

黒板や教材に向かって話をする受験生が多いです。
口を開くときには児童生徒を見る、と意識しましょう。

恋愛では、相手を好きになると目線を合わせようとします。
楽しくて、一生懸命になれます。

授業でも同じです。
恋愛ではありませんが、好きな先生の授業は、目を合わせながら、一生懸命に勉強していたのではないでしょうか。
教師が目線を合わせるというのは、その一歩にもつながるかと思います。

講義 ③ 授業をレベルアップする指導技術 6

分かりやすい話し方→具体例を入れよう

　面接の時には「結論から話す」と伝わりやすいです。
　結論から話すことによって、相手に全体像をイメージしてもらえるので、分かりやすい話になります。

　模擬授業の時も原則は同じです。
　結論から話をします。
　ただし、児童生徒へ話をする時には、もう一工夫があるとよいです。
　それは「通訳をする」ということです。

講義③ 授業をレベルアップする指導技術6

　ここでいう通訳は、

> 分かりやすい事例を入れる

という意味です。
　例えば、掃除をすることに対して話をするとします。
　児童生徒に話をするように音読してみてください。

> A　掃除をするというのは、教室をキレイにするだけではありません。毎日の掃除で仲間と協力することも学んでいるのです。だからこそ、掃除をがんばりましょう。
>
> B　掃除を仲間と一生懸命にやっても賞状が出るわけではありません。
　でも、毎日の掃除で仲間と協力できないクラスが、運動会や合唱コンクールで協力できるでしょうか。特別な時だけ協力をするというのはなかなかできないことで、毎日の積み重ねが大切です。だからこそ、掃除をがんばりましょう。

　Aのように話をすると、先生の意図が伝わりません。
　掃除が「協力」を学ぶ場だということは分かっても、「協力することによって得た力が活躍する場が分からない」ので伝わらないのです。

　Bのように話をすると、掃除が運動会や合唱コンクールにつながるというイメージが湧きます。
　分かりやすい話し方となります。

　このように事例を入れながら丁寧に話をしていくという場面。
　模擬授業では1〜2回です。
　そこで何を伝えるかが重要になります。
　教科系の模擬授業でも、生徒指導系の模擬授業でも、最も伝えたいことは、「通訳をする」ということを心がけるとよいかと思います。

講義③ 授業をレベルアップする指導技術6

授業を盛り上げる→
やりたいことをトップに！

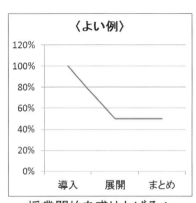

授業開始を盛り上げる！

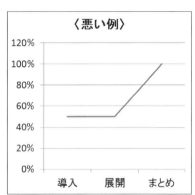

後半盛り上げようとすると、
時間不足で終わる可能性がある

　採用試験に落ちた経験がある方の多くが、
「一番やりたかったところまでいかなかった！」
と話されます。

　模擬授業が不完全燃焼で終わると、面接や実技にも影響を及ぼします。
これは、どのようにしたら避けられたのでしょうか。

　答えは極めてシンプルです。

> 一番盛り上がるところを授業開始に持ってくる

ことです。
　このように説明すると、「挨拶はしなくてよいのか」「音読は？」「導入は？」と様々な質問が出ます。

　10分程度の短時間で終わる模擬授業。
　試験官は、受験者が45〜50分の通常授業をすべて終わらせられるとは思っていません。
　山場を見せないで終わるくらいなら、山場から始めた方がよいのです。
　受験者自身も充実感がありますし、結果的に評価もよくなります。

　社会の「都道府県」を実例にあげながら考えてみます。

> 例．地図帳を使った授業の第一時を行いなさい。

　盛り上がるのは、児童が「地名探し」をする場面だと仮定します。

【よくない例】
①説明：今日から地図帳を使って学習をします。
②発問：地図帳を今まで開いたことがある人？
　　　　→どこで、どのような地図帳を、何のためになどを確認する。
③説明：地図は皆さんの身近な所に様々な形であります。
　　　　さっそく使ってみましょう。
④指示：4ページを開きます。
⑤説明：日本全図が載っているページです。
⑥発問：日本はこのような形をしています。見たことがある人が多いと思いますが何で日本の形を見ましたか。
　　　　→テレビ番組、天気予報、空港等が挙がる。
⑦説明：身近なところで地図が使われていましたね。
⑧発問：では皆さんが住んでいる京都府はどこですか。
⑨指示：指で押さえなさい。

⑩説明：地図帳は今みんなが開いている都道府県という大きな地図から、市町村という細かい地図になっていきます。

10パーツだけ記載しました。
では、次です。

【よい例】

①説明：今日から地図帳を使って学習をします。
②発問：さっそくですが京都府を探します。
③指示：見つけたら、そのページを開けて、手を挙げます。
④指示：まだの人に教えてあげます。
⑤発問：周りの人を見渡して、気がついたことを発表します。
　　　→違うページを開いている人がいる、同じ京都府でも多くのページに載っている、等が挙げられる。
⑥発問：次の問題です。今とは違うページで、山形県を探します。
⑦指示：見つけたら同じように手を挙げます。
⑧発問：地図帳を使ってみて、分かったこと、気づいたこと、ほんの少しでも思ったことを近くの人と相談しましょう。
　　　→前半に広い範囲の地図がある、山形県だけでも何カ所も載っている、等。
⑨指示：○○さん、○○君、発表しましょう。
　　　→みんなが気が付かない観点で話していた児童を指名する。
⑩説明：地図帳は今みんなが開いている都道府県という大きな地図から、市町村という細かい地図になっていきます。

よくない例とよい例を比較します。

	よい例	よくない例
説明	2回	5回
発問	4回	3回
指示	4回	2回

よい例では「発問」「指示」が多く、よくない例では「説明」が多いです。

> 教師の説明が多くなると、児童生徒の活動時間は減る

ことになります。

　授業を盛り上げるためには、説明を減らし、発問や指示を増やします。
　そして、児童生徒の活動時間を確保した方がよいのです。

　これは大人で考えると分かりやすいです。

　皆さんは新しいスマホを買った時、店員から丁寧に説明を受けたいですか。
　それよりも、使いながら覚えていき、分からない所だけを教えてもらう方がよいのではないでしょうか。

　授業も同じ組立です。
　同じ「地名探し」をしていても、よくない例のように教師が主導で進める場合、よい例のように児童が主導で進める場合に分けられます。

　一番やりたいところから始めようとすると、自然と発問や指示が増え、児童生徒が主導したダイナミックな授業になりやすいです。

　採用試験の模擬授業だけではなく、実際に児童生徒に授業をする時にも適しています。

　挨拶、音読をする、といった一般的な流れを否定するわけではありません。

　しかし、一番やりたい授業内容が何かを考え、それを授業前半に持ってくることができるよう組立を考えていきましょう。

講義 4 あなただけの模擬授業をつくろう

まずは "10本の授業" でスタートラインに立とう

【技能】頭で分かっていても身体が付いていかない。
→知識を使いこなせるような技能にしていく。
「逆上がり」も「授業」も同じ考え方

「どうしたら模擬授業がうまくできるようになりますか」
といった質問をよく受けます。
　願いがギュッと詰まったこの一文をお返しする言葉は決まっています。

> 歯を食いしばって、まずは10本やってみましょう

です。

模擬授業は「知識」と「技能」の両方を活用します。
知識を身に付けるためには、学習が必要です。
また、技を身に付けるためには、練習が必要です。

知識。
みなさんは中学生の頃に、数学の「二次方程式」をしましたよね。

$$\begin{cases} 2X + y = 7 \\ 3X - y = 3 \end{cases}$$

といった問題です。
　代入法や加減法を使って解くのですが、覚えていますか？
　こうした問題は、何回か練習する中で、
「ああ、こういうやり方か」
と分かっていきます。
　手を動かして、ノートに書いて、問題の解き方を覚えていきます。

　模擬授業でも同じです。
　導入で何を話すか。
　そこからどのように展開するか。
　児童生徒の活動は何をさせるか。
　その対応はどうするか。
　知識として技術を学びます。
　つまり、

技術を勉強する

ために学習をします。

　技能。
　保育園や小学生の頃に、逆上がりの練習をしたことがあるかと思います。
「鉄棒に胸を近づけて回る」

といったことを指導されたのではないでしょうか。
　分かっていても、腕の使い方や足の蹴り出しがうまく連動しません。
　すぐにできるようにはならないのです。
　毎日、毎日、できるようになるために練習をします。
　やがて、足が高く上がるようになり、「あと一息」なんて言われます。
　そこから身体を回すまでにもう少し練習をします。
　いよいよ回れたら、友だちから囲まれて拍手喝采、となります。

| 知識として知った技術を使いこなせるような技能にしていく |

ために練習をします。

　模擬授業は、知識と技能のどちらも必要です。

　Ａ４一枚の資料に書かれた模擬授業のお題。
　時には、1行だけで『家庭科「調理実習」の導入』とだけ書かれている時もあります。

　それを、

| 知識：「授業化」して10分程度の構成をつくる
| 技能：模擬授業として「表現」する |

といった2点に切り分けて考える必要があるのです。

　そのために練習が必要なのです。

　10本と言われると簡単に思えるかもしれません。
　特に講師をしている先生であれば、2日間授業をしただけで10～12本分になります。
　でも、なかなか難しいと思っておいた方がよいです。
　約10分で自分自身の精一杯を伝える模擬授業を作り、表現することが求

められるからです。

　始めの2～3本は完成させることすら困難です。
　作りかけては止まり、やってみようと思っても訳が分からなくなり止まり、授業開始5秒も経たないうちにクラッシュするといったことがザラにあります。
　模擬授業中なのに、恥ずかしくなって、
「この導入でいいですか？」
「もう無理です。」
「ここまでしか考えられませんでした。」
と多くの方が、自主的に強制終了してしまいます。

　4～8本くらいは、恥ずかしくて動画を撮っても見返せません。
　自分自身がイメージしている動きと違いすぎるからです。
「こんなにフラフラしてるの？」
「汗が尋常じゃない！」
　ひどい方になると、
「誰ですか、これ？」
なんて動画に向かっておっしゃる方もいます。

　それでも、10本くらいで少し形になります。
　誰でも、です。
　必ず上手くなります。

　特に1～3本目くらいまでの模擬授業は本当に心が折れます。
　しかし、

できるだけ間をあけず2～3ヶ月で10本の模擬授業

を目指しましょう。
　すべての受験生が通った道です。
　あきらめず、計画的に進められたらよいなと思います。

講義④ あなただけの模擬授業をつくろう

模擬授業の基礎力→
実は小・中・高・特支等共通

模擬授業の基礎力チェック

チェック	内容
	自然に歩ける
	紙を見ない
	声が自然に出ている
	にこやかな表情
	授業最初の作業指示
	児童生徒の指名や対応

授業そのものに入る前に「対人関係」「集団の動かし方」といった部分に意識すると上達が早い！

TOSS授業技量検定F〜E表項目を元に再構築

　笑顔などの豊かな表情は、小学校のみで必要でしょうか。
　教科の専門性は、中・高のみで必要でしょうか。
　一人一人を細かく見る個別対応は、特別支援学校や養護教諭のみで必要でしょうか。
　いずれも「のみ」ではないです。
　どの校種でも大切なことです。

　模擬授業では、生徒指導のテーマが出されることもあります。

> 女子の4人グループが、一週間ほど話をしていません。
> 3人対1人になっているようです。
> 3人の方の1人が、
> 「いじめているようで嫌なので仲直りしたい」
> と言ってきました。
> そこであなたは4人を集めて話をします。
> どのような話をしますか。

といったものです。

このような問題は、校種関係なく、対策を考えておくことが必要です。

私たちが開講している模擬授業対策講座の「場面指導」で、この問題を行ってみました。

小学校志望と中学校志望の受講生では、対応が少し異なりました。

【小学校中学年程度までの対応】
　○方針
　　仲良くすることの大切さを伝える。
　○話の内容
　　4人とも自分の考えとか、悩んでいることがよく分かりました。正直に話してくれてありがとう。
　　先生は、学校に来ることが楽しいと思ってもらえるとうれしいです。
　　今まで通りになるというのは少し時間がかかるかもしれないけれど、先生も応援するから、一緒に遊んだり、勉強したりしましょう。

「みんな、仲良く」が原則です。

【小学校高学年〜中学校程度までの対応】
　○方針
　　誠実に対応することの大切さを伝える。
　○話の内容

> 話しにくいことを伝えてくれてありがとう。
> 自分達でも分からないほど些細なことで、このような状態になってしまったんですね。
> 一度、ごちゃっとした関係を、すぐに元通りに戻すということはできません。
> どうしてもギクシャクしてしまったり、最終的に別の友だちと仲良くなっていったりすることはあります。
> でも、必要なことすら話をしない、あいさつをしない、というような関係が正しくないことは、みんなも分かると思います。
> まずは一歩ずつ、お互いが少しずつ歩み寄って、話をしていきましょう。

「現状への対策」から、その先を見据えて対応していくという形です。

様々な対応が考えられるとは思いますが、いずれもあり得ると思います。
どちらの対応を行うにしても、

> 表情、授業の組立、場面指導での対応など、基礎的な部分は共通

です。
　児童が相手でも、生徒が相手でも、柔和な表情が生徒指導の原則です。
　場面指導では、児童生徒の話を傾聴した上で、指導を行う必要があります。話を充分に聞かず指導をすると、ほとんどの場合が逆効果になります。

こういったことは校種によって使い分けることではありません。

これは、授業でも同じです。
授業は、

> １対複数の対人関係

です。
　小学生の場合は目を合わせた方がよく、中学生では目を離した方がよいか。

そんなことはありません。
校種によって、状況によって、目線を合わせる回数は変わります。
しかし、全員と目を合わせながら授業を展開した方がうまくいきます。

発表も同様です。
挙手を求めて、
「はい、○○さん」
を繰り返す授業だと、すぐに児童生徒は飽きていきます。
発表は思考場面だからです。
思考場面は、どの校種でも大切です。

小学校低学年では、
「はい！　はい！」
と元気よく発表する姿がよく見られます。
簡単な発問を繰り返すことで、思考を活性化させていきます。

小学校高学年〜高等学校と段階が上がっていくにつれて、発表の回数は減ります。
授業での発表が減った分、落ち着いた授業に見えます。
しかし、その分、難しい計算があったり、文章の組立があったり、と作業が増えます。
小学校低学年と比較して、より深い思考が求められます。

だれもが思考をするような授業展開が必要だということは、どの校種でも共通することです。

授業の基礎的な能力はどの校種でも共通です。
それだけではなく、他の仕事とも共通する部分も多いです。
そう考えると、身の回りに多くの練習相手がいるのではないかと思います。

講義4 あなただけの模擬授業をつくろう

1から分かる指導案の書き方

「作文が苦手でも指導案は全くの別物ですから大丈夫です。」
指導案の書き方講座の際には、いつもこのように伝えてから始めます。

文章を書くという行為自体は同じです。
しかし、作文と指導案では組立が異なります。

作文は、自分の気持ちや考えを表現するものです。
頭の中で話を作ったり、整理したりしながら書くため難しいです。

指導案は、自分や児童生徒の行動や思考を順番に書いていくものです。
流れが考えやすいので、書きやすいです。

もちろん一定の手順を覚える必要はあります。
その手順について学習していきましょう。

今回ベースとするのは「(学習指導)略案」と言われる簡略版です。
教員採用試験で行われる模擬授業は、短時間で実施されるので、略案がよく使われます。

手順1　『書きやすいところから書く』

学年や教科・単元などは指定されていることが多いです。
何も考えなくても写すだけで書けます。

また、目標(めあて)も書きやすい項目です。
授業のタイトルを少し書き換えるだけです。
もちろん後で書き換えて一工夫を加えても構いません。
重要なのは「まず書くこと」です。

例えば、「算数:わり算の導入」でしたら、
①わり算が生活の中で使われていることを知る。
②わり算の便利さを感じ、解いてみようという意欲をわかせる。
③簡単なわり算を解きながら、その仕組みを学ぶ。
といったように一文でまとめて書きます。

書きやすいところから書くことで勢いをつけます。

手順2　児童生徒との「受け答え」を考える

一般的な模擬授業対策講座ではない部分がここです。
しかし、この「受け答え」を考えることが、遠回りなようで近道です。

「本時の展開」は、指導案の最も重要な部分です。
　自治体によって異なりますが、指導略案を試験官が読む場合は、この「本時の展開」を見ます。
　そこで、最も時間をかけるべき所を埋めます。

　いきなり「学習活動」「指導上の留意点」「評価」を書くのは難しいです。
　そこで、まずはやりとりを考えます。

　「算数：わり算の導入」を例にします。

●導入部分
| 教科書10ページを開きます。開いたら隣の人に見せましょう。 |
　児童が教科書を開く。
| ケーキがあります。半分に分けます。いくつに分けていますか。 |
　児童が「2つ」と答える。
| その通りです。
| 2等分と言います。
　「等分」と板書をする。
| 等分の考え方が「わり算」です。
| 今日はこの勉強をします。
　月日と「わり算」「等分」と板書する。
　児童にも書かせる。

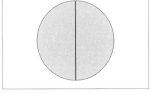

●展開部分
| 先生が、もう一度2つに分けてみます。
| 2等分。
　児童から「違う」という声が挙がる。
| 先生はケーキが好きですから、これでいいです。
　「違う」という声が続く。
| どうして違うのかを先生に説明してもらいます。
| 班で相談します。

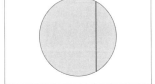

「等分というのは等しく分けると書く」
「半分というのは、どちらも同じ量」
といった発表がある。

> 確かに皆さんの言う通りです。

●まとめ

> 教科書を見ます。
> 「等しい分量に分けること」と書いてあります。
> ノートに書きます。

時間があれば、「4等分」で確認し、学習内容の理解を進める。

> この「等分」が「わり算」の考え方になります。
> これからもっと勉強していきましょう。

試験問題の余白を使って、上のようなことをメモ書きします。

手順3 「受け答え」を要約する

指導案に書き込めるように要約をします。
要約するときには、導入・展開・まとめの3つに分けて3文を作ります。
今回でしたら、次のようになります。
導　入：等分の定義を伝える。
展　開：等分とそうではない分け方について学習する。
まとめ：等分とわり算の考え方を伝え、次時につなげる。
これが「学習活動」になります。

次は「指導上の留意点」「評価」です。

> 指導上の留意点：
> 　児童に言わせる・書かせることで確認しながら学習を進める。
> 評価：
> 　新しい学習に対して意欲的に言い、書いている。

を授業の流れに沿って書き換える形になります。

> 手順4　教材観、児童（生徒）観、指導観を書く。

これらはほぼ定型です。
本書や学校、大学にある指導略案を参考に「型」を覚えてしまいましょう。
まとめると、次のような指導案になります。

第3学年算数科学習指導略案

日　時：20××年7月××日（×）第×限
指導者：受験者名
場　所：受験会場

1　単元名　「わり算」
2　単元の目標・ねらい
　　わり算が生活の中で使われていることを知る。
3　指導に当たって
（1）教材観
　　本学習は、わり算の導入となる単元である。児童は、これまでの生活体験の中から「半分」が「等しく2つに分ける」ことと理解している。このような考え方で「3つに等しく分ける」など発展させながら、わり算の考え方を習得していく。式としての表現方法などを学び、わり算が活用できるようにさせたい。

（2）児童観
　　学級では、どの学習でも意欲的に取り組む様子が見られる。中学年以降でよく見られる算数への苦手意識を持つ児童が少なく、全体的に楽しみながら学習活動を行っている。しかし、苦手な児童もいるため、サポートをしながら、すべての児童ができるようにしていきたい。

（3）指導観
　　生活経験を学習の土台として使える単元である。わり算の考え方を活用する様々な場面を想起させるなど、指導法の工夫を行いながら学習活動を進める。

講義④ あなただけの模擬授業をつくろう

4 本時の学習（第1次1時）
(1) 準備・資料等
　　教科書
(2) 本時の展開

時間	学習活動	指導上の留意点	評価（観点、方法等）
0〜3	○「等分」の考え方を学習する。	○「ケーキを分ける」「○○を分ける」という日常生活によくある場面を使いながら等分を学習する。	
4〜7	○「等分」の場合、「等分」にならない場合を確認する。	○教師が等分を間違えることによって、「等分」の定義について考えさせる。	
	「等分」について学習しよう		
	○「等分」について説明する。	○難しい場合には、班や近くの友だちと相談させる。 ※考え方の例 ・等分というのは等しく分けるという意味 ・半分というのは、どちらも同じ量	●「等分」の考え方について意欲的に発表し、書くことができる。（ノート・発表）
8〜10	○まとめ 「等分」は「等しい分量に分けること」という定義を確認する。	○定義を確認し、時間があれば、4等分についての学習で、定義の定着を図る。	

講義４ あなただけの模擬授業をつくろう

小学校国語の指導案づくり
「詩＝はしる電車の中で」
（まど・みちお）

実際に指導案を作っていきましょう。

教員採用試験の模擬授業の特徴として、

> 導入部分

を取り上げることが多いです。
　授業時間が短いこと、組立が容易であることが理由として考えられます。
　ここでも、それをベースとして、導入部分に特化した指導案を紹介していきます。

まずは小学校国語「詩」からです。
「はしる電車の中で」（三省堂 ５年上）という詩を例にします。

模擬授業時間は10分間で想定します。
指導案は採用試験で最も多い「略案」とします。

　　　　　　　　第５学年国語科学習指導略案

　　　　　　　　　　　　　日　時：20××年7月××日（×）第×限
　　　　　　　　　　　　　指導者：受験者名
　　　　　　　　　　　　　場　所：受験会場

1　単元名
　　声に出して読もう「はしる電車の中で」まど・みちお

2 　単元の目標・ねらい
　　音読をする中で、詩の主題を考えることができる。

3 　指導に当たって
（1）教材観
　　本学習は、日常生活の一場面を切り取ったものだ。
　　電車の中でたまたまあった赤ちゃんから笑いかけられるといった出来事は、話者の「私」ではなくとも経験のある児童は多いと考えられる。
　　そのような誰にでもありがちな経験を深く掘り下げると、本詩の主題の1つとして考えられる「人にとって笑顔は欠かせないものである」といった考えに繋がる。
　　音読を通して、その考えに少しでも近づけるようにしたい。

（2）児童観
　　学級の児童は感情豊かで学習活動や遊びの時間にも表情豊かに過ごすことが多い。また、音読の時などにはハキハキと読みができ、積極的に発言する様子が見られる。

（3）指導観
　　児童の元気のよさを活かしての音読をまず行い、その後に、「嬉しくてたまらない」といった表現もできるようする。
　　また、音読から読解を行い、心情の移り変わりを読み取らせる。

4 　本時の学習（第1次1時）
（1）準備・資料等
　　　　教科書

（2）本時の展開

時間	学習活動	指導上の留意点	評価（観点、方法等）
0 〜 2	○音読をする 　範読、 　連ごとに交代等、	○姿勢がよい、教科書を両手で持っている、といった児童を褒めることで、	

	様々な読みをする。	学級をよい方向へと促す。	
	○読解をする ・繰り返される言葉は何ですか。	○ほとんどの児童が「いっしょに生きているんだよね!」を挙げると予想されるため、少数意見を大切にする。	
3 〜 7	繰り返される言葉から詩の主題を読み取る。		
	・誰が誰に嬉しくてたまらないのですか。	1回目　赤ちゃん→私 2回目　赤ちゃん→動物 3回目　動物→赤ちゃん	●詩を正しく読み取り、考えを整理することができる。（評価方法：ノート・発言）
	・嬉しくてたまらなくなるのは、何をするからですか。	○笑う、笑い返す、など複数の表現があるが、詩に載っている表現や類推できる表現であれば認める。	
8 〜 10	○まとめ ・再度音読をする。	○誰が誰に「嬉しくてたまらない」のかを考えながら、読む。	

詩は短い文章です。
その中で、作者は様々な技法を使い、主題を表現します。
例えば、次のようなものです。

比喩　　　…　　例え（直喩と隠喩）
　　　　　　　　例．猫のように甘える。
体言止め　…　　名詞や代名詞で文章を止める。
　　　　　　　　例．素晴らしい青空。

倒置法	…	文章の順序を入れ替える。
		例．ピタッと泣き止んだ、赤ちゃんが。
擬人法	…	ものや動物を人に例える。
		例．蛇口からたくさんの水が吐き出された。
対句法	…	反対の意味の言葉や類似した言葉を並べる。
		例．青い空　白い雲
反復法	…	繰り返し（リフレイン）
		例．来る日も来る日も待ち焦がれた。

　この詩でしたら、「人と人とのつながり」「幸せ」のようなものが、主題になります。

　模擬授業のまとめの場合、主題を考えさせるという方法も考えられます。
　しかし、10分という短い時間です。
　発表を始めたら終わってしまった、ということになりかねません。

　そこで、読解（文章の読み取り）をした上で、それを踏まえて再度音読をするという形をとりました。

　このように、どこを短くして時間内に収めるのかを考えておくと、実際に模擬授業をする時に落ち着いて行うことができます。

【練習方法】
　指導案を書く練習をしたい、と考えたら、まずは「写す」ことから始めましょう。
　様々な指導案は教員養成課程のある大学などで閲覧することが可能です。
　3〜5本くらい写すと、指導案の書き方が分かってきます。
　それから、みなさん自身の力で作っていくと、上達が早いです。

中学・高校社会の指導案づくり→
「日本の諸地域」

　中学校1年生社会「日本の諸地域」です。
　どの学習でも共通することですが、

小学校や中学校からのつながりを意識して授業を組み立てる

と、導入部分を作りやすくなります。
　この単元の場合、小学校では「日本の国土」という単元があります。

第1学年社会科学習指導略案

日　時：20××年7月××日（×）第×限
指導者：受験者名
場　所：受験会場

1　単元名
　　日本の諸地域

2　単元の目標・ねらい
　　日本の諸地域の特徴を把握し、国土に対する理解と愛情を深める。

3　指導に当たって
　（1）教材観
　　　本学習は、日本を地域ごとに分けて、自然や産業などの学習を進めていくものである。これまでに生徒は、小学校時代に「日本の国土」の単元で日本の地理について学習を行ってきた。その学習活動の前提や、メディアなどから得た知識か

ら導入を図り、日本に対する理解や愛着形成を深めていく。

(2) 生徒観
　本校は課題が多く、教室を抜け出したり、授業を妨害したりするような行為が見られることがある。しかし、大半の生徒は、学習活動に興味があると意欲的に取り組む。

(3) 指導観
　これまでの知識を聞いたり、小学校の学習内容を確認したりする中で、興味を持たせ、積極的に取り組ませるよう授業を構成する。

4　本時の学習（第1次1時）
　(1) 準備・資料等
　　　教科書

　(2) 本時の展開

時間	学習活動	指導上の留意点	評価（観点、方法等）
0〜3	○地方の確認をする	○九州地方から北海道地方までの7地方の確認をする。	
	○温泉について聞く	○小学校の「日本の国土」で温泉が多いことを学んでいるため、それを元に進める。	
	日本の諸地域の温泉について興味を持つ		
4〜7	・すべての都道府県に温泉はありますか。	・ある	
	・最も多い都道府県と少ない都道府県	○まずは都道府県について予想させ、可能であ	●これまでの学習や生活経験を元に考えられる。

	を挙げなさい。	れば、その理由も考えさせる。 （1位北海道、47位沖縄県）	（ノート・発表）
	○47位の沖縄には魅力がないかを問う	○観光地としての魅力などを発表させる。	
8〜10	○まとめ 温泉、観光地、風土、工業、といった様々な観点から学習することを伝える。	○地域に求められていること、大切にされていることが様々あることを知り、興味を持つようにする。	

　学習指導要領には、いくつかの共通点があります。

　例えば、「国」に関連することは「理解と愛情」という言葉が使われます。
　自分自身が生まれ育った国を大切にすることは、どの国の国民にとっても不可欠なことだからです。

　教職教養を学習する際には、学習指導要領のこうした言葉を覚えておくと学習指導案を書く参考になります。

　また、教材観の「本学習は、〜」といった書き出しは定型に近いものです。
こうした書き方の「お作法」のような言葉の使い方は覚えておきましょう。

　この指導案を提示した時に、受験生から「旅行経験」を生徒に聞くのはどうでしょうか、という質問がありました。
　もちろん方法の1つとして考えられると思います。

しかし、私は聞きません。
「旅行にほとんど行ったことがない生徒」
がいることを想定しているからです。
　そのような生徒は、家庭環境が困難であることが予想されます。
　それを学校でえぐってしまった場合、授業どころではなくなります。
　過剰な配慮かもしれません。
　それでも、授業という全体の場で、家庭のことを聞くというのは、本当に必要ではない限りはしないです。

　他にも「温泉」を扱う必要があるのか、とも問われました。
　どの地域にもある題材として温泉を取り上げただけです。
「諸地域」のように広い範囲を学習する際には、

学習内容を限定する

ことで、考えやすくなります。
　それを広げていくことで、学習内容の構成ができるからです。
　今回の指導案では、この限定を「温泉」としました。

　この限定は様々な内容が考えられます。
　例えば「山の高さを聞く」です。
　日本一の山は富士山。
　では「日本二位の高さの山は、何県の何という山でしょうか」といった構成は興味を引くことができます。
　授業を行う際には、このような、

物事の数値

を持っておくと、授業づくりがスムーズになります。
　目の前にある様々なことが、授業のきっかけになります。
　ぜひ情報のアンテナを「授業に使えないか」という方向で持ってみてください。

小学算数の指導案づくり→「割合」

小学校算数の単元でも、最難関と言われることが多いのが「割合」です。

現役教員でも教えるのが難しいと言われる内容です。
それなのに、なぜか教員採用試験でよく出されます。

対策をしておきたい単元です。

第５学年算数科学習指導略案

日　時：20××年７月××日（×）第×限
指導者：受験者名
場　所：受験会場

1　単元名
　　割合「百分率とグラフ」

2　単元の目標・ねらい
　　割合を活用することで、比較が容易になることを学習する。

3　指導に当たって
（1）教材観
　　本学習は、比べ方を考える単元である。シュートが入ったか否かを○や●で判別していくだけではなく、数値化することによって分かりやすくなることを学習する。
　　割合は、日常生活の中で何倍、何割といった形で身近に触れることがある一方、その活用方法は分かりにくい。

身近なところから学習活動に入り、考え方の１つとして活用できるようにしていく。

（２）児童観
　学級では、算数への苦手感を持つ児童が多い。しかし、授業や宿題などの学習活動は能動的に行えるため、理解度は低くない。
　好きな教科の１つとして、算数が挙げられるように、学習活動を通じて、自信を持たせたいと考えている。

（３）指導観
　理解が比較的難しい割合の単元だが、難しく捉えないように、日常生活の場面から考えさせるなど、指導法の工夫を行いながら学習活動を進める。

4　本時の学習（第１次１時）
　（１）準備・資料等
　　　教科書

　（２）本時の展開

時間	学習活動	指導上の留意点	評価（観点、方法等）
0〜3	○教科書の内容確認を行う。 ○シュート記録を数値化する。	○シュートが入る・入らないという日常場面でよくあることの確認ということを押さえる。 ○表にチェックを入れながら数値化させる。	
	比べ方を考えよう		
	○１試合目は半分入ったことを確認する。	○生活の中でよく使う「半分」という言葉で確認する。	

4〜7	○「半分」が何倍なのかを学習する。	○「入った数」を全体の数で割ることを計算する。 4÷8＝0.5 0.5倍	●式と答えを正しく書き、計算することができる。（ノート）
	○「半分」より多く入った場合の調べ方を考える。	○半分を調べた時を元にして、近くの友だちなどと考える。 ※考え方の例 ・入る、入らないをケシゴムなどで並べる ・半分を考えて、それより多い数 ・わり算をして0.5より大きい数	●様々な方法を考えようとしている。（発言）
8〜10	○まとめ 見立てをして、次の時間に挑戦することを伝える。	○どの方法でも可能性があることを伝え、次の時間へつなぐ。	

　児童は、シュートを○×で判定したことがあるはずです。
「あの子はよく入る」
「ぼくはなかなか入らない」
といった話が聞かれます。

　そういった感覚的な部分を始めの0〜3分で取り上げます。
　まずは、身近な話が算数になっているということを実感させるためです。

　また、一度、計算を入れているのは、「半分」という概念が感覚的に身に付いているからです。
　これまでの学習で、半分は「1／2」であることも学習しています。

これまでにやってきた学習内容を「既習（きしゅう）」と言いますが、これを教師が知っていれば積極的に活用していくことができます。

　算数・数学は「既習」に「新出（新しい学習）」を積み重ねる教科です。
　他教科よりも算数・数学は、このような考えが強い傾向にあります。

　このようにして、

> 考え方の土台を固めてから思考場面を作る

ようにします。
　何も情報を与えない中で、学習を進めてしまおうとすると無理が出ます。
　通信教材や塾で習っている、教科書をパッと見ただけで分かる、といった児童生徒だけが活躍します。
　できない児童生徒は、おいていかれるのです。
　いくらかでも、考える時のポイントを示してから行うと授業を自然に行うことができます。

　模擬授業を組み立てる場合も同じです。

> 導入→展開→まとめ

と３つ程度の場面に分けるとよいです、というのが「考え方の土台」です。

　これがないまま、何も知らずに、
　「じゃあ、早速だけど授業を作ってみて」
と言われると苦しいですよね？

　その学習活動において、何が考え方の土台になるのかを整理してから、授業を組み立てるとスムーズです。
　これは、他教科・領域の授業を作る時にも役立つ考え方になります。

講義 5 他の受験者と差がつくポイント

自分の声に自信が持てる自主トレのメニュー

　現場に出ると「声は教師にとっての命」と聞くことがあります。「先生あるある」のようなものです。

　受験生の声を聞いていると、よく聞こえる方もいますが、全くといってもよいほど聞こえない方もいます。
　全体的には8割くらいの方は何かしらの修正を入れた方がよりよくなります。
　自身の声をよりよくするために、ポイントや練習方法を確認してみてください。

声の出し方の練習は、

| 毎日の生活で鍛える |

ことが最もよいです。
　特別に練習時間を設定して、声の出し方のポイントを掴むことは大切です。
　しかし、大切なのは、毎日の発声の中でよりよくしようという練習を行うことです。

どんなことに気を付ければよいかというポイントを2つ示します。

| ポイント1　人の前に立つ |

　同じように声を出していても聞こえやすい人と聞こえにくい人がいます。

　自分自身では、なかなか気づくことができません。
　人の前に立つことでそれを指摘してもらえます。

　アルバイトやボランティアで誰かと話すと、
「え？」
と聞き返された経験がある方はいらっしゃいますか。
　これが、例えば、一回のアルバイトで複数回言われるのであれば、恐らく何かしらの課題があります。
　これは、友だちと話していても同じです。
　誰かと話をすることで、自分の声が他者にとって聞こえやすいか否かが分かります。

　教員は児童生徒の前に立って行う仕事です。
　始めは、ドキドキしたり、ためらったりということもあるかと思います。
　それでも、人の前に立つことは必要です。
　チャンスがあれば、前に立ち、話をすることに挑戦してみましょう。

| ポイント2　1項目ずつ1ヶ月 |

　練習1～4は、1項目ずつ1ヶ月の練習が目安です。

　複数のことを一度にやろうと思ってもうまくいきません。
　人はシングルタスク（一度に1つの処理を行う）の生き物だからです。
　※反対語は「マルチタスク（複数処理)」

　技能は、最低1ヶ月は続けないと身に付きません。

　「前に立ち、『口を開く』ことに気を付ける」
のように1つだけ修正点を決めて練習をしましょう。

| ◎練習1　口を開く |

　1対1、1対少人数で話していると、口の開きが小さくなります。
　会話をするのに必要な最低限の口の開きになるからです。

　学級担任を持つと、教室で30～40名の児童生徒に対して話をします。
　行事の時には100名以上を相手にマイク無しという場面もあります。
　校外学習や修学旅行では、周りが賑やかな状態で話すことになります。

　そういったときに、口の開きが小さいと、全く聞こえない声になってしまいます。

　練習を継続すると、口の形で何を話しているかが分かってもらえるようになります。

| 【オススメ練習法1】
　①家を出る前に「あいうえお」と口を開いて3回言う。
　②誰かと話をするときに①を意識する。
　③これを続ける。 |

◎練習2　相手を突き抜ける声を出す

　目の前の相手と話していると、その相手にとって「ちょうどの大きさ」の声になります。
　距離にすると1.5ｍ程度です。

　これと同じことを教室で行うと失敗します。
　人は「近い人」に向けて話をしてしまうからです。
　2～3列目までは聞こえますが、教室後方では聞こえにくくなります。

　そこで意識的に声を遠くに出す練習をします。
　次のような手順で行います。

【オススメ練習法2－1】
　①目の前にいる相手と話をする。
　②その時に後ろの壁のそばに人がいると想像する。
　③壁のそばにいる人に「ちょうどの大きさ」の声で話す。

　このような練習をすると、受講している方から質問が出ます。
　「目の前の人にとってはうるさいですよね？」
　これは次のステップです。

　教室を想像してみてください。
　目の前の児童生徒にとってうるさいが、後ろには届いている状態。
　これでは、授業が成立しません。
　大きな声を出すというよりは、「通る声」を出すイメージです。

　そこで次のステップになります。

【オススメ練習法2－2】
　目の前の人にとってうるさくなく、壁の人も耳を傾けなくても聞こえる声を出す。

「大きな声」と「よく通る声」は違います。
　2つを比較すると、よく通る声は、口を開き一文字ずつはっきりと言う形になります。
　無理な力を入れずに声を出すと通る声になります。
　自然に口を開き、話せるように練習をします。

◎練習3　「私に向かって話している」と感じさせる

　30人を同時に見ることはできません。
　それでも、「この先生はよく目が合うな」と感じさせる先生がいます。
　そのような先生は、一人ずつ短い時間、目を合わせています。

　目安は、「1人1秒」です。
　こちらが目を合わせようとしていても、目が合わない場合もあります。
　その時は、その児童生徒は後回しにして、次のサイクルで合わせます。

　3回連続で目が合わない時は、他の何かをしています。
　その時は、近くへ寄ってみたり、その児童生徒がいる列を全員指名したりして、無理なく授業に引き込むようにします。

　児童生徒の立場からすると、目が合う人の話はよく聞こえます。
　集中をさせられる状態になるからです。
　話をしながら、目を合わせるというのは、慣れないと難しいです。
　練習をしながら、児童生徒を集中させられるような目の合わせ方を意識していきましょう。

【オススメ練習法3】
　①話をしている時に、全員と一度ずつ目を合わせる
　　一瞬でよいですが確実に合わせましょう。
　②①ができるようになったら、1人1秒を意識する。
　　ゼロ、イチと数えます。
　③目が合う場合はもちろん、目が合わない場合も笑顔をキープして話す。

◎練習4　リズムや間を取る

「話をすることが仕事」の方は、例外なくリズムや間を意識しています。
　漫才師、ニュースキャスター、販売員などの方は、話の緩急をつけたり、一瞬の間を取ったり、ということを自然にやっています。

　例えば、明石家さんまさん。
　すごいスピードでひたすら話をしているように見えます。
　でも、「リズム」や「間」という観点で、話を聞いてみてください。
　1対1で話している時、1対複数で話している時、おもしろい話に持って行こうとする時など、場面によって緩急を使い分けています。
　意外なことに、ほんのちょっとの間を取ってから、次の話題へ変化させるといったこともしています。

　「〇〇（人の名前）」のように話せるようになりたいというお手本を探すと上達が早いです。

【オススメ練習法4】
　①話が上手な方のYouTubeや音声データを入手する。
　　授業のものがベターですが、好きな漫才師などでもよいです。
　②開始10秒を完全コピーする。
　　話の口癖、抑揚、間を完全に真似られるようになるまで繰り返します。

　私の場合は、約100回で完全に真似ができるようになります。
　やってみると分かるのですが、「話のプロ」はかなり練習を積み重ねています。
　人に聞かせるために必要なエッセンスが始めの10秒に込められているのです。

　「声は教師にとっての武器」
　ぜひ、みなさんの武器も磨いてくださればと思います。

講義 5 他の受験者と差がつくポイント

板書の時の目線・
立ち位置を気にしましょう
－逸らしてはいけない視線－

　板書をすると、黒板の方に身体が向きます。
　目線もです。
　皆さんが小中学生の頃を思い出してみてください。

　先生が背中を向けた時に、ノートの切れ端を使った手紙のやりとりをしたり、そういうことをする仲間を見たりしたことはないですか。
　友だちと目配せしたり、授業とは全く関係のない本を引き出しから出したりといったことはないですか。

先生が児童生徒から目を離すということは、

| 児童生徒に授業と関係のない時間を与える |

ことと同じ意味になってしまいます。

　そんなことを言っても、板書はしないといけないですよね？
　どうしたらよいのか、という話です。
　まずは、

| ①書かせる作業とセットにする |

ことを心がけましょう。
　黒板に月日を書くとします。
　板書をする前に、
　「月日をノートに書きなさい」
と指示をしてから板書をします。

　何も気を遣わずに行うと、月日を書いてから指示を出してしまうのです。
　そうすると、
　『先生が板書をしているのを見ているだけの時間』
が無駄になります。

　先に指示を出すことで、こうした時間を有効に使うことができます。
　次は、

| ②確認をする |

ようにしましょう。
　「月日をノートに書きなさい」
と指示してから、
　「7月10日」と全部は書きません。

「7」だけを書いて、書いているだろう児童生徒の方を振り返ります。
　子役をしている他の受験生であっても、必ずといっていいほど、書いていない方がいます。
　児童生徒なら尚更です。
　今、何をするのかが分からないのです。

　そこで指導をします。
　できれば直接書いていない児童生徒へ「書きなさい」と伝えるよりも、きちんとやっている周りに伝えます。

> ①他の児童を認める
> 　「○君と□さんは、もう書き始めていてよいですね」

のようにです。
　がんばっている児童生徒を褒めることで、より望ましい方向へクラスを持っていくことができます。
　他にも、

> ②教室にいる全員に書くように促す
> 　「先生と同じ早さで書くのですよ」

といった指示があります。
　それでも難しい場合に、

> ③個別対応をする
> 　「ここに月日を書きます」

のようにします。

　「7」という数字を書いて振り返ると、これだけのことができます。
　この指導だけでも、教室にいる児童生徒と共に学ぶ姿勢が伝わります。

月日を全て書き上げてから、振り返るとこのような対応はできないのです。
また、少し練習が必要ですが、教師の足の位置にも配慮してみましょう。

３ページ前の２つの絵を見比べましょう。

Aは○、足は子どもの方に向かっています。
Bは×、足の並びが平行で黒板に向っています。

Aですと、後ろを振り返りやすいのです。
身体をひねるだけで、児童生徒の方を向くことができます。
Bですと、足を移動させないと向くことができません。
差を測ったら、きっと１～２秒の短い時間です。
しかし、この積み重ねが差になっていきます。

こうしたことは、板書だけではなく、授業の様々な場面で出てきます。

普段は「おはようございます」と言う場合を例にします。
児童生徒が騒がしい時に、これを言っても、一度では聞いてもらえません。
始めから二度言うつもりでもよいですが、
「『みなさん』、おはようございます」
と言ったらどうでしょうか。
『みなさん』が、捨てる言葉になります。
聞いてもらえなくても、静かにさせる言葉です。
『みなさん』で静かにさせて、「おはようございます」を聞かせます。

無駄なことは排除し、必要なことは行う。

板書をするという行為には、こうした授業技術の考え方の一端があります。
模擬授業の練習をするときに、このようなことを心がけながら行ってみてください。

目線だけではなく、様々なところによい影響が出てきます。

講義 5 他の受験者と差がつくポイント

出番前からスイッチオン
－模擬授業開始前から見られている－

皆さんは、テレビで漫才コンテストを見ることがありますか。
ほとんどの方が見たことがありますね。

私も好きでよく見ます。
一視聴者として、
「あっ、このコンビはおもしろそう」
「う〜ん、イマイチだな」
と評価をします。
皆さんも似たように「評価」をしているかと思います。
テレビの漫才コンテストは大抵5分程度です。
この評価にどのくらいの時間をかけていますか。

測ってみました。
私の場合は、

> 評価にかかる時間は、早くて5秒、遅くても30秒以内

でした。
たったこれだけの時間で面白い、つまらない、という評価をしていました。
しかも、最後まで見ても、その評価が変わることはありませんでした。

これを他の先生方に聞いてみました。
「5秒以内に評価終了は厳しすぎるのではないか？」
「後半、面白くなってくるコンビもある」
という意見がありました。

そこで、一緒に動画を見てみました。
　結果は、ほとんどの方が私と同じ意見になりました。

　また、これはよい方にもはたらくことが分かりました。
　通常、漫才では拍手をしながら小走りでマイクの前へ行きます。
　ところが例外のコンビもいます。
　例えば、オードリーというコンビです。
　春日さんは、ゆっくり堂々と入っていって「トゥース！」と言います。
　相方の若林さんが「走ってこいよ」と突っ込みます。
　開始5秒ほどで、コンビの雰囲気や特徴を伝えてから、内容に入っているのです。
　会場の雰囲気が一気に良くなります。
　ほんの数秒でよい印象を与え、先へ進んでいます。

　テレビに出る程の漫才師、恐らく何百回も練習しています。
　それでも、第一声でつまらなそうと思わせてしまえば、そこで評価終了。
　おもしろければ、先を見てもらえる。

　しかも、評価は基本的に減点方式。
　始めがダメなら、ダメなまま。
　始めがよくても、失速することはある。
　始めがよくて、最後までよいのはレアケース。

　厳しいようですが、視聴者の見方はそんなものです。

　教員採用試験も似た部分があります。
　自分の順番になります。
　「次は111番の受験者」
とコールが入ります。

　試験会場の前方へ歩いて行きます。

「では、受験番号を言ってから始めて下さい。」
と言われます。

「はい、111番です。始めます。」
と伝えます。
　ここまでは評価対象ではありません。

　しかし、よくも悪くも印象は与えます。
　自信がなさそうに歩く、ゆとりをもっている、など試験官は見ています。

| 模擬授業前から模擬授業は始まっている |

のです。
　授業で何をするかはもちろん重要です。
　しかし、それと同じように、開始前にどのように動き、表情を作るのか。
　これも印象につながりますから、考えておく必要があります。

　学校現場でもこれは、全く同じです。
　児童生徒は、授業時間の先生だけを見ているのではありません。
　廊下を歩いている先生、休み時間の先生、放課後の先生も見ています。
　先生だって、しんどいことはあります。
　それでも、

| 先生はいつでも見られている |

という感覚を持っておくと、少し意識が変わるのではないかと思います。
　何秒で児童生徒を惹きつけていますか。
　この結論は、

| 自分の出番が次だと分かった瞬間から、授業開始30秒以内 |

を目安にするとよいです。

【人の前に立つ仕事】

　「先生っていつも見られているからしんどいですよね？」
と言われることがあります。

　しかし『人から見られる仕事』は他にも多くあります。
　芸能界のような特殊な仕事ではなくとも、スーパーや飲食店などの接客業はすべてそうです。
　医者や塾講師などの職業もそうです。
　自営業の八百屋、電器屋、飲食店もそうです。
　どの仕事も、自分が信頼を落とすと、職場に悪影響を及ぼします。
　そのまま廃業になることすらあります。

　そう考えると人の前に立つ仕事だからしんどいということはありません。
　仕事の看板を背負っている。
　でも、どこで誰と会っても気にしない。
　そういう頭の切り替えが大切だと思います。

　あっ、でも……

　小学校高学年女子などは、男性の先生を「査定」することがよくあります。
　「Ａ先生のスカート姿はステキ。」
　「Ｂ先生はちょっと髪の毛の色を変えた。」
　「今日の先生のワイシャツは、先週の金曜日にも着ていた。」

　よく見てる！と思ったら、先輩先生が教えてくれました。

　「子ども達は担任の先生にステキな恰好をしていて欲しいんだよ。
　だから、ああやって、チェックをしているんだと思うな。」

　納得でした。

講義⑤ 他の受験者と差がつくポイント

「自信のなさ」どこに現れるか
－語尾が消える人は赤信号－

受験生の模擬授業を見ていて、最も差が出る部分が語尾です。
自信がない方は、

> 語尾が聞こえなくなる

のです。
　それを指摘すると、今度は語尾に力が入りすぎます。

すべて疑問文のように上ずってしまいます。
どのように修正していったらよいのでしょうか。

模擬授業での「話す」技術について考えていきます。
「話す」には、

【「話す」に付随する要素】
　立ち方
　身体の動かし方
　手の動き
　目の動き
【「話す」に直接関係する要素】
　言葉の使い方
　抑揚
　話の速度
　間
　リズム

といったものがあります。
　これを１つずつ人に伝わりやすい形に修正していきます。

　私が今までに先輩教員から指摘されたことを列挙してみます。
　講師時代（採用試験合格前）に指摘された記録から書き出したものです。

　①右足がずっと曲がっている
　②貧乏揺すりがある
　③手をずっと振っている
　④何を見ているか分からない
　⑤子どもを呼び捨てにする
　⑥歌舞伎のような抑揚

　「う〜ん、よく教師をしているな」というレベルです。

このままでは合格するのは困難。
そこで修正をしました。
私が行ったことは、

| 自分のクセを周りの人に伝える |

ことです。
「貧乏揺すりを直したいので、もしやっていたら指摘してくれませんか？」

講師時代から学級担任をしていたので、これを子ども達に言いました。
子ども達はよく見ています。
始めの３日間ほどは、授業時間45分の中でも10回以上指摘をされます。
お願いしたにもかかわらず、イラッとするほどです（理不尽ですね）。
それを１つずつ進めていって直していきました。
講師をしている方はこのような方法があります。

大学生の皆さんは、いつもそばにいる人はいないかと思います。
そこで、その場ごとにお願いをしていきます。

「話し方の練習をしていて、語尾が消えそうだったり、聞こえにくかったりしたら教えてくれない？」
始めは力が入りすぎたり、上ずったりして、違和感があります。
続けていくうちに「今、語尾がよくなかった」と気が付くようになっていきます。
依頼していた方から指摘をされたら、まだまだです。
その方は「語尾が消えていたらお知らせする」というスイッチがオンの状態です。
その方にとって、おかしくないように修正してきましょう。

教員採用試験の模擬授業だけではなく、公務員試験、民間の試験など、様々なところで必要となる力です。
友人と協力しながら進めていけると良いのではないかと思います。

【授業が上手になる考え方】
　本書では「模擬授業」の技術が上手になるための練習方法を具体的に紹介しています。
　でも、技術の前に大切なことがあります。

考え方

です。
　心理学者ロバート・ディルツ氏の「NLPの行動ピラミッド」というものがあります。人が学習したり、変化したりする際は、6つのレベルがあるというものです。

NLPの
行動ピラミッド

アイデンティティ
信念・価値観
態度
能力やスキル
行動
環境

　上位のレベルの変化が下位のレベルに影響を起こします。

　模擬授業に置き換えてみましょう。
　受験生の皆さんは「能力やスキル」か「行動」の上達を目指します。
　模擬授業が上手になりたい、のように考えるのではないでしょうか。

　上手になるためには、「アイデンティティ」「信念・価値観」「態度」がポイントになります。

　具体的には、「志望動機」です。
　「どうして先生になりたいの？」に答えられるようにしておくことが必要ということです。

　本書の後ろに志望動機を書き込むページがあります。
　模擬授業の上達のために、ぜひ取り組んでみてください。

講義 5 他の受験者と差がつくポイント

ゴテゴテの指導案はなぜダメなのか

【ゴテゴテ指導案】
　文が多く、一文が長い。

【スッキリ指導案】
　文が少なく、一文が短い

学校現場での経験が少なくて当たり前です。
学生でしたら教育実習だけ、講師の先生でも数年です。

そういう方たちの指導案には共通点があります。

ゴテゴテしている

ということです。

例えば、「音読をさせる」という授業行為を例にします。
下にあるものは、実際に受験生が書いたものです。

学習内容	学習活動	支援・留意点
導入	○音読をさせる 教師が主導する全員読み、班ごとに音読、席が近所の児童同士での音読などをさせ、内容をしっかりと確認する。	●読めない文字がある児童にはふりがなを振らせる。それでも難しい場合は、教師が横について一緒に音読をすることでサポートをする。

音読でどのようなことをするのか、細かく記載しています。
授業行為について、よく学んでおり、ここで評価も行います。
一見、よさそうな指導案です。
でも、よく考えてみてください。

音読は、恐らく、授業の導入の一部で使われるものです。
このペースが最後まで続いたら、かなりの量を書かなくてはいけません。
その場で書く試験でしたら間に合いません。

事前に書いて提出する場合でも、10分程度の模擬授業です。
試験官は、どの程度の量を読んでくれるでしょうか。
パッと指導案を読んで、あとは授業で、という形になります。

このように考えると、適正量は下のようになります。

学習内容	学習活動	支援・留意点
導入	○音読をさせる	●全員が教科書を持ったことを確認する。

少なすぎると感じるでしょうか。

最も熟慮して書くべきポイントは、

> 学習内容：展開
> 学習活動：主発問（メインで児童に学ばせたい内容）

です。それでも1文でよいです。
　少なすぎると感じるくらいが、適正量だと思っておきましょう。

　もう一例、挙げます。
　道徳の主発問で、
「自分が急いでいる場面で、困っている人を助けるかどうかを問う」
とします。
　指導案にすると、下記のようになります。

　これも実際に受験生が書いたものがあります。

学習内容	学習活動	支援・留意点
導入	○どのような場合に急ぐかを考える。約束の時間に遅れそうなとき、忘れ物を取りに帰るときなど様々な場面が想起される。それを元にして全員に「急いでいる場面」を検討させることによって授業の開始で引き込めるようにする。	●思いつく場面がない場合は、班ごとに相談する、各時間を設けるなどして、全員が書けるように配慮をする。また、場合によっては、机間指導を行い、授業に集中するよう、また書くことができるよう声かけを行う。

　この受験生が考えたように、授業に集中するでしょうか。
　ここまで丁寧にした場合は、逆効果になる場合がほとんどです。
　Aさんの対応をしているうちに、Bさんの集中力が切れます。
　ボーっとしたり、おしゃべりをしていたりすると、先生が構います。
　それが続くと、

> 不適切な行動をすると先生は構ってくれる

という誤学習をしてしまいます。
　がんばっている、がんばろうとしている児童生徒を褒めることによって、正しい方向性を短く示す方が適切です。

　そのように考えると、下記のように表現するとよいと分かります。

学習内容	学習活動	支援・留意点
導入	○生活の中で急ぐ場面があるかを３人ほどに問う。	●自身にも同じようなことがあったかを挙手で確認しながら、集中力を高める。

　それぞれ一文程度でよいです。
　一文でまとめようとすると、要点のみになります。
　これが適量の文章となります。

　その上で、この学習活動を行うために、教師はどのような発言をすればよいか、児童生徒にはどのような作業を指示すればよいかを考えていきます。

　先に説明した「シナリオ型指導案」の作成です。
　提出用には、簡略化したものを出す。
　自分用には、何を話し、何をさせるか、また、児童生徒は何と答えるか等をメモしたものを用意する。
　書くことは大切です。
　しかし、量を間違えると、終わらないという事態を起こしてしまいます。

　簡略化を心がけ、ゴテゴテ指導案から卒業しましょう。

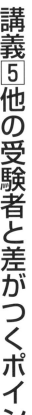

講義 5 他の受験者と差がつくポイント

最も難しいのは「自然体」でいること

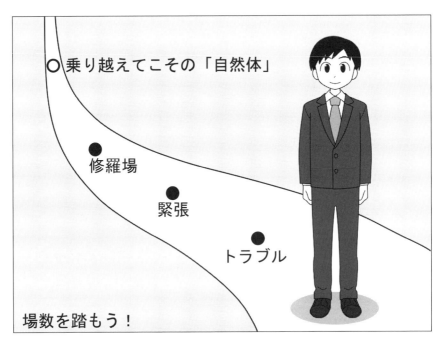

○ 乗り越えてこその「自然体」

修羅場
緊張
トラブル

場数を踏もう！

　手に汗を握るだけではなく、背中まで汗が流れる。
　手がプルプルと震える。
　目はあっちへ行ったり、こっちへ行ったり。

　大げさだと思いますか？
　模擬授業対策講座での一場面です。
　5名ほどが教室に入り、1人が模擬授業を行い、こちらがコメントをしたり、やってみせたりする、というのを繰り返す場面があります。

2番目、3番目…と進んでいくと緊張感が高まっていきます。
　授業をしたら、必ず修正ポイントのコメントが来るのですから当然です。
　自分の番になったら、頭が真っ白の状態という方が多くいます。

　こうした場面の経験は大切です。
　教員採用試験の時には、かなりの高確率で緊張します。

緊張場面に慣れる

ということをしておかなければ、自分自身がやりたいことができないのです。

　また、こういった話をすると、
　「私は緊張しませんから大丈夫です」
とおっしゃる方がいます。
　なぜか男性に多いです。

　そういった方は、
　「緊張を悪い形で流している」
方が多いです。
　授業中、フラフラしたり、ニヤニヤしたりしているのです。
　緊張感を受け止められず、流すこともできず、ごまかしている状態です。
　この状態を試験官が見たらどうなるかは、はっきりしているかと思います。

　理想の形としては、

日常生活の中で大学教授や管理職と話をするときのような緊張感で授業に臨む

とよいですよ、とお伝えをしています。
　ほどよい緊張感が「自然体」となれば、よい模擬授業につながっていきます。

講義 ⑥ お悩み解決、基礎基本に答えるQ&A

Q1
模擬授業は二次からですが
一次終了後でも間に合いますか

間に合います。
しかし、厳しいです。

例えば、ピアノの演奏。
あなたは全くできない状態だとします。
1ヶ月間練習できる、3ヶ月間練習できる。
どちらを選びますか。
3ヶ月後を選びませんか。

練習期間はあった方がよいのです。
模擬授業も同じです。
長い方がよいです。

ただし、試験科目は、模擬授業だけではありません。
筆記もあれば、面接もある。
バランスが大切です。

どのくらい時間をかけるかは個別に対応すべきですが、大まかに次のような形でオススメしています。

準備期間	開始時期	練習間隔	合計回数
1年	試験前年の夏	月に2回（2週間に1回）	24回
半年	正月	月に3回（10日に1回）	18回
4ヶ月	4月	月に4回（1週間に1回）	16回
1ヶ月	一次試験終了後	月に16回（2日に1回）	16回

こうしてみると、1ヶ月前から模擬授業の練習を始めた方は、2日に1回模擬授業をしないと他の受験生に追いつけません。

また、回数としては追いついても、その質には差が出ます。
差を埋めようとすると、もっと回数をこなさなければいけなくなる。

現実的でないです。

採用試験突破に必要な時間は、全くゼロの方ですと、筆記も、面接も、模擬授業もすべて合わせて

最低約 600 時間

が必要だと考えています。
その時間を越えられるように学習計画を作るとよいかと思います。

> Q2
> 練習って何から始めたらよいか分かりません

小学校志望でも、中高志望でも、他校種でも、まずは、

```
音読の模擬授業
```

をしましょう。
　児童生徒を動かす言葉や行動、タイミングなど、授業に必要な力を短時間で学べます。
　指示を出して、児童生徒に特定の文章を読ませる。
　たった、これだけです。

しかし、これがスムーズにできると、かなりレベルアップします。
実際にやってみましょう。

題材は宮沢賢治の「風の又三郎」の冒頭を利用します。

風の又三郎

　　　　　　　　　　　　　　　　　　　　　　　　　　宮沢賢治

どっどど どどうど どどうど どどう
青いくるみも吹きとばせ
すっぱいかりんも吹きとばせ
どっどど どどうど どどうど どどう

例えば、教室は次のような状況だと想像します。

違う状況でもよいのですが、こういう状況だなと自分で想像することが大切です。

> 月曜日。
> 国語の１時間目。
> ほとんどの児童生徒の机上には、まだ教科書も筆箱もありません。

あれ？と思いませんか。
ただ音読をさせるだけ。
なのに、ここまで状況を考えるのか。
考えるのです。
こういったことが「場面指導」の模擬授業の時に活きてきます。

たかが音読と思っていませんでしたか？
結構大変です（笑）。
もう少し進めてみましょう。

> ①子どもの前に笑顔で立ちます。

がやがやとした教室。
児童生徒がおしゃべりに夢中。
その中で教室に入り、笑顔で教壇に立つ。

教員採用試験であれば、マジメな表情でカチカチに固まった他の受験生たちに向けて笑顔といったイメージです。

怖い表情で入ってくる先生も実際にはいますよね。
児童生徒は一瞬固まります。
しかし、一瞬です。
怖さ、何が起きるのだという不安感、それらで静かにさせても続きません。

前述しましたが、ポイントはどんな場面でも笑顔です。

> ②教科書を持ちます。

「これから○時間目の授業を始めます」
といった挨拶は省略します。
　実際の模擬授業では短時間ですので、いきなり授業に入って構いません。

　授業の形式的な挨拶を抜いて合格した例は多くあります。

　教科書を持たせる指示。
何パターンか想定し、練習してみましょう。

①「それでは、みなさん。教科書を持ちましょう。」
②「はい、いいですか？　教科書を持ちましょう。」
③「教科書を持ちましょう。」
④「教科書を持ちます。」

　状況によって使い分けをしますが、原則は「短い方がよい」です。
長くしようと考えた場合、次のようになります。

みなさん、静かにしましょう。静かにしましょう。
少しずつ静かになってきましたね。
さすがです。
国語の時間ですから、まずは音読をします。
教科書がまだ出ていない人は出します。
出した人は宮沢賢治ですよ。
出てきましたね。
それでは、全員、教科書を持ちましょう。

　ここまでしたら、やり過ぎだと思いますか。
　くどいと感じるレベルですが、対策講座で指導をする前は、半数以上の方がこんな感じです。

「長ければ丁寧、短かったら雑」というのはウソです。

例えば、校長先生の講話。
みなさんは先生の話、短い方が好ましいと思っていませんでしたか。

学級担任の先生のお説教。
「早く本題に入って欲しい」
「とりあえず終わらないかな、聞き飽きた」
のように思った経験はありませんか。

誰にでもあるかと思います。
短く端的で、かつ意味の分かる話の方がよい。
これは試験官も同じです。

③読ませ方を考えます。

読ませる時に、みなさんはどちらをイメージしていますか？

　A　先生が読んだ文章と同じ部分を読ませる。
　B　児童生徒にいきなり読ませる。

Aでなければいけないということはありません。
採用試験の場合、5人いる受験生の1番目であれば、Aがよいと思います。
しかし、5番目で1〜4人目がずっとAでしたら、Bが効果的です。

状況に応じて変化させます。
こういったことを総合して「対応力」という言葉で表現します。

具体的には、
「もう4回も読んだから、読んだことにしますね」
のように話して、次の学習活動に進みます。

このようにすると試験官の心証が変わります。
5人とも似たような授業をした場合に比べて、
「これまでの4人の授業も活用して展開している。対応力がある。」
という判定になるのです。

④読ませる指示を出します。

ここも何パターンか練習しましょう。
A　風の又三郎、さんはい。
B　風の又三郎、読みます。
C　読みます。風の又三郎、さんはい。
D　読みます。風の又三郎、宮沢賢治、さんはい。

言いやすい言葉、言いにくい言葉があるかと思います。
ご自身にあった言い方で構いません。
これ、と決めたら、次のことを練習します。

α　教科書やテキストではなく、子役を見る。
β　一文字目と語尾を通る声で話す。
γ　笑顔

「楽しいから笑うのではない、笑うから楽しいのだ」という言葉があります。
アメリカの心理学者、ウィリアム・ジェームズの言葉です。
教室を楽しい雰囲気にするのは、教師にとって必須の能力です。
表情まで気を遣って、練習をしましょう。

笑顔でこちらをよく見てくれる先生。
学校でも理想的ですし、模擬授業の試験官にもよい印象を与えられます。

⑤評価

大まかに「全体評価」と「個別評価」があります。

まずは、全体評価を練習しましょう。
　対象となる児童生徒がハッキリしない分、言いやすいです。
　短くスパッと褒めます。
「大きな声」
「きれいな声」
「（教科書の）持ち方がいい」
などと評価をします。

　全体評価だけで模擬授業を終えてしまうと、児童生徒にとって、褒められたり、認められたりした気がしない授業になってしまいます。
　そこで個別評価も行います。
　固有名詞を入れたり、特定の児童生徒だけが行った発表や行動に対して評価をしたりします。

　音読をさせるという活動だけでも、練習することが多くあります。
　しかし、これができるようになると、授業の基礎的な部分は、かなり身に付いたと考えることができます。
　その先の「展開」部分も行いやすくなります。

　一人で、友だちと、教授や管理職から見てもらって、と対象を変える。
　視線、声、笑顔、と要素を変える。
　様々な段階を踏まえながら練習しましょう。

　この音読の練習を１セットやるのに必要な時間はおよそ１分ほどです。
　学生でしたらアルバイトの合間、講師でしたら放課後の教室。
　隙間の時間を見つけて、100回の練習をしましょう。

　早い方だと２週間後には、見違えるような指示や発問が出せるようになっています。

講義6 お悩み解決、基礎基本に答えるQ&A

Q3
お題が事前に出るのですが、教授や管理職に相談してもいいですか

後ろめたく思う方もいるようですが、相談してもいいです。
試験官も、受験生が誰かと相談をすることを想定しています。
この場合、試験官は次のことを採点しようと考えています。

①練 習 量（事前に内容が分かるため練習できます）
②授業技量（話し方や動き、表情）
③対　　応（子役とのやりとり）

「①練習量」は、ピアノの練習で考えると分かりやすいです。

全く弾けない人でも毎日２時間ずつ、１ヶ月程練習すれば、ある程度できるようになります。
　もちろん幼少期からやってきた人には敵いません。
　しかし、

受験に向けて努力してきた過程を見ることができる

のです。

　模擬授業も同じ考え方です。
　練習していない人としている人は明らかな差が出ます。

　試験官もびっくりするほど上手に授業ができているとは思っていません。
　それでも努力してきた過程は見ることができます。
　試験に懸けている意気込みが伝わる授業をしましょう。

　となると、どうしたら努力した過程を見せることができるのでしょうか。
　具体的には、始めの30秒くらいは、児童生徒の対応がないか、あっても数パターンです。
　その程度でしたら、

何回やっても同じことを言えるレベル

になりましょう。
　下記の作業をします。

A　始まりの30秒間に話すことをすべて書き出す。
B　児童生徒へ話しかける箇所では「抑揚をつける」といった追記する。
C　児童生徒が返事をしたり、意見を言ったりする箇所では、どのような言葉を発するか想定し、追記する。
D　Cに対して、どのように返すのかを追記する。
　例を一部、示します。

【書き出し例】
　教師：横断歩道の向こう側に人が倒れています。

　　　　赤信号です。

　　　　車はいません。

　　　　あなたは助けに行きますか？

　　　　助けに行く、行かない、どちらかに手を挙げます。

　　　　（挙げさせてから）

　　　　その理由を発表します。

○生徒の反応（予想）
　・行く場合は、「命や健康の方が大切」という意見。
　・行かない場合は、「ルールを守っても助けられる」という意見。

　これらの意見は復唱しない。
　「はい」「なるほど」「そういう考え方もある」等、受け入れた上で、次の生徒に聞く。

（吹き出し）「あなたは〜」の前にほんの少し間を取る
（吹き出し）語尾を上げる

　書き出し、追記ができたら、練習をします。
　練習をしている中で、ちょっと言葉を変えたり、違う生徒の反応が考えられたりという場合が出ます。
　それも修正をします。

　このように練習をしていくと、頭の中でイメージした通りの模擬授業ができるようになっていきます。

「②授業技量」は、①で何を練習したか、という評価項目になります。

例えば、話し方です。
「えー」と連呼しているようでは技量が低いと見られます。

また、緊張は身体と目に現れます。
身体でしたら、どちらかの足に体重が乗り、そこから貧乏揺すりのような動きが始まる。
目でしたら、すごいスピードでの瞬きがパチパチと行われる。

こういう練習には、前述しましたが、

> 動画を撮ることがオススメ

です。
きっと見るに堪えない自分が映っています。
しかし、それはみんな同じです。
その現実がスタート地点。
目を背けなければ、必ず上手になります。

「③対応」は、苦手とおっしゃる受験生が多い項目です。
「①練習量」や「Ｑ８」で答えていますが、対応は鍛えられます。

児童生徒がどのような反応をするかを考えます。
そして、その反応に対してよいと思われる対応を準備します。

こうしたことは１人では考えにくいです。
ぜひ、現場経験の豊富な管理職や大学教授に聞いてみてください。

受験生の皆さんが思いつかないような児童生徒の反応やその対応を教えてくれます。

講義⑥ お悩み解決、基礎基本に答えるQ&A

Q4
直前にお題が出るので、時間が足りないのですがどうしたらよいですか

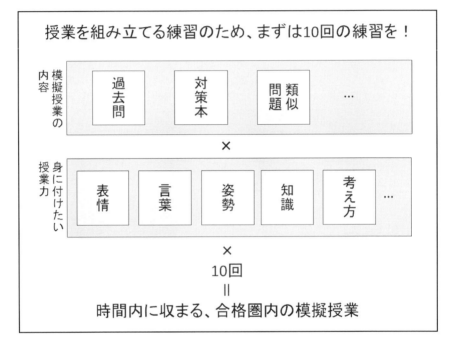

直前にお題が出される場合は、30〜60分の時間が与えられます。
模擬授業に限ったことではありませんが、席が隣の受験生も同条件です。
となると、与えられた時間でやりきることを考えないといけないですね。

試験を出す立場から考えてみましょう。
授業の組立そのものは評価の主項目とはしていないです。
もし、そうするのであれば、時間が短すぎます。
となると、他の項目です。

例えば、次のようなものが挙げられます。

> 生徒指導系の模擬授業であれば、「教師としての考え方」
> 教科系であれば、「教科への基礎的な知識」

が評価対象となります。

また、どのようなお題であっても、

> 授業の基礎的な能力
> （表情、言葉使い、姿勢、対応、板書など）

が評価対象となります。
　それらを表現できる模擬授業を行えばよいということになります。

　30〜60分の準備時間で、それらを満たす模擬授業を行うと考えると、授業を組み立てる練習が必要です。

　過去問から、どのような傾向の問題が出るかが、おおまかに分かります。
　時間を計って練習してみましょう。

　受験生の様子を見ていると、過去問や類似問題をやるにつれて、上手になっていきます。
　自己流では限界がありますので、複数の方から見てもらっている前提で、

> 3回で、様子がつかめる
> 5回で、少しできるようになる
> 10回で、時間内に収まるようになってくる
> 20回で、自分のやりたいようにできる

という感じです。
　まずは10回を目指して練習を重ねてみましょう。

Q5
授業時間が10分ですが
完結する必要はありますか

もうすぐ時間。
でも、焦らない。

結論から言うと、

完結する必要はありません

　試験官の立場からすると、模擬授業は評価をする場であって、授業で学ぶ場ではありません。
　採用試験の評価ができればよいのです。
　実際に試験官を経験した方の話ですが、

> 時間どおりに終わって「お見事！」というのは数年に一人くらい。
> こういう方はなぜか学生。
> 講師経験者ではない。
>
> 無理矢理、時間どおりに終える方が2割くらい。
> 残りの8割はこちらで止める。
> だからといって、それ（時間切れ）で落とすことはしない。

とのことです。

　受験者として、ここまでは進めようというポイントは必要です。
　これがなければ、授業を考えることができません。

　しかし、無理矢理終わらせる必要はないです。
　心にゆとりを持って、模擬授業を進めましょう。

【授業時間はなぜ45～50分？】
「新教育運動期における授業時間割の改革と編成原理に関する比較社会史的研究（宮本健市郎、2008）」によると、

> 45分または50分授業になった根拠や経緯に関する研究は管見の限り見当たらない

のだそうです。
　模擬授業の7～15分程度の時間も自治体によって異なります。
　模擬授業の時間が決められた経緯も受験者数や過去の事例、評価に必要な時間から算出されたものなのかもしれません。

【引用：レファレンス協同データベース】

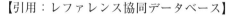

講義⑥ お悩み解決、基礎基本に答えるQ&A

Q6 児童生徒対応が下手と言われましたが鍛えられなくて困っています

試験では2つのパターンがあります。

①子役がいない
②試験官もしくは受験生が子役をする

これらの場合でも、また、学校での授業でも、基本的な考え方は同じです。
ポイントは、

児童生徒の反応を想像しておく

ことです。
　当たり前のことなのですが、これが得意ではない方が多いようです。

　例えば、次のような発問をしたとします。

> 日本では、小学校とコンビニエンスストアの数、どちらの方が多いですか。
> どちらが多いか、また、その理由を考えなさい。

　小学校の数が、約 20,000 校。
　コンビニの数が、約 58,000 軒。
　コンビニの方が多いです。
　大半の場合、これで満足してしまいます。
　数値を調べるだけで、児童生徒の発言まで考えないのです。

　例えばですが、下のようなことが予想されます。
「小学校の方が多いと思います。夏休みに旅行へ行ったとき、すごい田舎にも学校があったからです。」
「コンビニです。家の近所に、学校は1つしかありませんが、コンビニは3軒あるからです。」

　このようなことが想像できると、子役がいなかったり、想定外のことを発言されたりした時に対応しやすくなります。

　子役がいない場合は、上記のようなことを教師が言えばよいです。
「なるほど～。確かに山や田舎と言われるような地域など、いろいろなところに学校ってありますよね。」
　これで授業をつないでいくことができます。

　想定外の発言は、想定できません。
　無理矢理1つ出してみましょう。
「薬局の数とコンビニの数が同じくらいだとテレビで言っていました。」

皆さんでしたら、これにどのように対応しますか。
この思考が授業の幅を広げます。

> A　この場合の薬局は、野菜やアイスも売っているようなドラッグストア、街中にある小さな薬屋さん、どちらも含んだ数ですね。
> B　えっ、先生も知らなかった！　A君、すごい！
> C　なるほど！　それで小学校とコンビニはどちらの方が多いのですか。

Aは、事前に想像できれば、調べておき、対応の1つとして選べます。
もしここから更に授業を広げていくことができれば、教師（受験生）と児童生徒が創り上げている授業という形になり、好印象です。
BやCは、つなぎとして使い、想定内の展開に戻していきます。

教師が調べておくことによって、授業の幅が拡がります。
ぜひ、児童生徒の発言を想像することを挑戦してみて下さい。

これができるようになると、「児童生徒がいない中での模擬授業」であっても対応ができます。

こうしたことをお伝えしていると受験生から次の感想がありました。

> 模擬授業はお芝居みたい

ニュアンスは近いと思います。
このような「お芝居」は、様々な場面で行われます。

運転免許を取る時、まずは教習所で練習をします。
自動車の基本的な動かし方、安全確認の方法、事故の予見などについて、教習所内で実技練習をします。
それから路上教習に出ます。

フィギュアスケートの大会。
曲を覚えます。
振り付けを覚えます。
曲と振り付けを合わせます。
その中にどのような感情や技術を入れるかを検討し、調整します。
その上で大会です。

授業の「練習」は軽視されがち

です。
　大学の講義で、話し方・目線・対応まで教えることは稀です。
　学校現場でも、授業の組立についての意見があっても、授業技術への意見はごく少数です。

　運転免許でも、フィギュアスケートでも、他の様々な場面でも、練習をして本番に臨むことは当たり前です。

　模擬授業の対応も同じです。
　事前に準備をして、試験当日に臨めるようにしてきましょう。

【TOSS授業技量検定】
　授業の技量を数値化する制度です。
　十段から40級までの50段階に分けられています。
　最近では大学生の受験も増えています。
　どの授業でも共通する「立ち方」「表情」「声の出し方」など基礎的な授業力から学べますので、皆さんの技量アップによいかと思います。
　挑戦してみてはいかがでしょうか。
〈参考ＨＰ〉https://www.toss-kentei.jp/

講義⑥ お悩み解決、基礎基本に答えるQ&A

Q7
チョークやマーカーで上手に文字を書く方法を教えて下さい

板書は、
　①小指球を浮かせ、
　②大きくゆっくりと、
　③足の位置に気を付けて、
書くと上手になれる！

　鉛筆やペンで紙に書くのと何が違うのかを理解しておくと、上手に書けるようになります。
　大きく3つあります。

「壁面」「滑り」「姿勢」

　それぞれについて解説します。
　①壁面

「小指球」という場所があります。
小指の付け根から手首までの柔らかい部分です。

机の上で文字を書くときは、この小指球を机に当てながら書くことで、字形のバランスをとっています。

小指球

壁面の場合、この小指球が使えません。
壁面に小指球を当てたまま書くと、文字が小さくなってしまうからです。

「小指球を浮かせたまま書く」練習をしていると理解して行うと、上達が早いです。
ぜひ試してみて下さい。

②滑り

チョークやホワイトボードマーカーは滑りがよいです。
鉛筆やペンと同じように書くと、滑りすぎて、乱雑な文字に見えます。
そこで、ゆっくりと書く意識を持つと、丁寧な文字になります。

板書の場合、大きく文字を書くため、通常よりもゆっくりしたスピードになります。
それだけではなく、滑りを抑えるためと意識しておくとよいです。

③姿勢

文字を書くためには、児童生徒に背中を向ける必要があります。
しかし、可能な限り、目配りはしておきたいです。
そうなったとき、足の位置に配慮するとよいです。（102ページ参照）

これらは学校現場でも活きる差になりますので、ぜひ身に付けましょう。

講義⑥ お悩み解決、基礎基本に答えるQ&A

Q8
納得いく授業ができないのは
なぜでしょうか

「納得のいく授業」という定義が違うのだと思います。

　質問をされた方は、きっと「ほぼ100%の人が満足する授業」のことを言っているかと思います。
　試験官も、大学の先生や管理職も、児童生徒も、そして自分自身も。
　もしかしたら、記録に残した場合、それを見た多くの教師も。

　すべてではないかもしれませんが、かなりこれに近いニュアンスなのでは

ないでしょうか。

　月に30冊以上の本を読み、オリジナル授業を定期的に作成している先生を何名か知っています。
　そういう方たちでも、納得のいく授業というのはできていません。
　私が現場にいた頃もそうでした。

　教育実習で授業をするので寝ずに作った授業。
　授業研究のために数ヶ月の期間をかけて作った授業。
　参観で保護者も見るのでパワーポイントを使って作った授業。
　そして、日々の授業。

　これらの授業でも、現場に出て、子ども達の前でやってみると、
「少し違った」
「もう少し○○を変えた方がよかった」
「イマイチな反応の子がいた」
といったものばかりです。

　それを次に修正していく。
　終わりがない作業です。

　そういった中で考えているのは、

> 現状で最大限努力して作った授業

を作る、ということです。

　教員採用試験の模擬授業でも同じかと思います。
　今、できるベストを目指す。

　それが「合格する模擬授業」につながるのかと思います。

> 第一志望の自治体情報を
> チェックしましょう

情報の調べ方には順序があります。

> まず一次情報、次に二次情報

です。
　一次情報というのは、発信されたものが何も分析されることなく見られる情報のことです。
　教員採用試験の場合、自治体ホームページです。
　自分で分析する必要はありますが、こうした情報を読み取るのは、受験の大原則です。

　二次情報というのは、一次情報を元に加工されたものです。
　出版社から出ている自治体の採用試験日程一覧や過去問分析などです。
　便利なので、上手に活用すべきですが、情報の信頼性は一次情報より下がります。
　情報の特性を知った上で、集めていきましょう。

　まずは検索をしてみましょう。
　「（希望自治体名）　教員採用試験」
で検索をします。

　昨年度の情報を調べていくと、次回の試験の情報を何となく掴めます。
　次の表を埋めていきましょう。
　不明のところは空けておいて構いません。
　分かり次第、あとから埋めていきましょう。

【試験日程】

	【参考】前回試験 (　　　年)	受験 (　　　年)
HP公開日	月　日（　）	月　日（　）
実施要項 配布日	月　日（　）	月　日（　）
説明会	月　日（　）	月　日（　）
願書 締切日	月　日（　）	月　日（　）
一次試験 日程	月　日（　）〜 月　日（　）	月　日（　）〜 月　日（　）
一次試験 発表日	月　日（　）	月　日（　）
二次試験 日程	月　日（　）〜 月　日（　）	月　日（　）〜 月　日（　）
二次試験 発表日	月　日（　）	月　日（　）

（　　　年　　月　　日、　　　　　HPより情報入手）

【校種・採用予定人数】

校種	教科	採用予定人数
		人
		人

145

【試験内容の概要】

内容	【参考】前回試験 (　　　年)	今回試験 (　　　年)
次試験 (　　　　)		
次試験 (　　　　)		
次試験 (　　　　)		
次試験 (　　　　)		
次試験 (　　　　)		
次試験 (　　　　)		
次試験 (　　　　)		
次試験 (　　　　)		
次試験 (　　　　)		
次試験 (　　　　)		

※使い方
　内容のところは次のように書きましょう。
　①「　次試験」のところに、1や2の数値を入れる。
　②(　　　　)のところに、
　　一般教養　、　教職教養　、　専門教科　、　小論文　、　個人面接
　　集団面接　、　模擬授業　、　実技
　　などを入れる。
　③必要に応じて、詳細を記入する。

【例】【試験内容の概要】

内容	【参考】前回試験 （2018年）	今回試験 （2019年）
1次試験 （小論文）		
1次試験 （一般教養）	・教職教養含む	
1次試験 （専門教科）	・専門教養含む	
1次試験 （個人面接）		
1次試験 （集団面接）	・小グループ	
2次試験 （個人面接）		
2次試験 （模擬授業）	・10分間 ・事前に課題が提示	
2次試験 （実技）	・体育（3種目）、音楽から選択	

　書き出すことで、これからやるべきことが見えてきます。
　このような作業は、

できるだけ早い段階

でやるようにしましょう。
　思ったよりも勉強しないといけないということに気が付くからです。

なぜ「先生」になりたいのか
振りかえりましょう

「模擬授業」になると、この項目は関係ないと捉えられる方が多いです。
しかし、本当にそうでしょうか。
というのも、対策講座の中で「なぜ先生になりたいのか」と伺うと、最も多い回答は、

憧れの先生がいたから

です。6割以上（重複回答有、以下同様）の受講生は、この理由を挙げます。
小学校の先生であれば、小学校へ。
中学校であれば、中学校。
高校なら高校。
いわゆる「試験用」ではない回答の場合、これが最も多いです。
これは学校の中で最も長い時間行われる「授業」での先生を見て、そう思ったのではないでしょうか。

次に多いのが4割の方が答えた、

クラブ活動の指導をしたいから

です。クラブの先生が「憧れの先生」だった、とかぶる方も多いです。
3位は意外なものが挙がってきました。3割の方が下のように答えました。

夏休みがあるから

です。

小学校志望の方に特に多かったです。
しかし、「過労死ライン」の勤務時間が小学校で3割、中学校で6割。
学校には多忙化、モンスターペアレント、イジメ…多様な課題もあります。
やりがいもあるのですが、課題を乗り越えるには、上記のような理由だけでは苦しいです。
「先生になりたい」
その理由をもう一度見直してみましょう。

教師としての考え方につながります。
それは、必ず授業にも表現されるものになります。

Q1，先生になりたいと思ったのは「いつ」でその「きっかけ」は？

```
┌─────────────────────────────────┐
│                                 │
│                                 │
│                                 │
└─────────────────────────────────┘
```

※例　小学生の頃に、それまでは嫌いだった学校が、○○先生のおかげで好きになったから。私もそういう先生になりたいと思った。

Q2，先生になるために今、行っていることは？
　　　また、それはどのように役立つと考えている？

```
┌─────────────────────────────────┐
│                                 │
│                                 │
│                                 │
└─────────────────────────────────┘
```

※例　学生：集団へ勉強を教えることに慣れるため、塾講師をしている。
　　　　　　声の出し方や指示の方法などが役立つと考えている。
　　　講師：常勤講師として、2年生の担任、社会を担当している。
　　　　　　採用された場合、即戦力として担任を持つことができる。
　　　共通：年に数回、住んでいる町の良さを見直すため、町の清掃ボランティアに参加している。
　　　　　　「地域に開かれた学校づくり」に役立つと考えている。

Q3. 先生になってやってみたいことは？

※例　ピアノが弾けるので音楽の授業に積極的に取り組みたい。
　　　遊ぶことが好きなので、休み時間に児童と一緒に遊びたい。
　　　英語が好きになったきっかけが先生なので授業をがんばりたい。

Q4. 先生という職業で不安なことは？

※例　どこでも起きるといわれるいじめ問題が起きた時に対応できるか。
　　　モンスターペアレントが多くいると聞くが大丈夫か。
　　　特別支援教育の知識が少ないため発達障がいへの対応が難しそう。

Q5. 不安がある時にどう乗り越える？

※例　今までは仲間に相談することで乗り越えた。これからは同僚や先輩に相談して乗り越えていきたい。
　　　趣味でサッカーをしていて、ストレスがたまったら思い切り走っている。仕事とは直接に関係のない乗り越え方も活用したい。

Q6. なぜ先生になりたいのか？
　　　その理由を3つ挙げてましょう。

※例　①人を育てる手伝いができる仕事
　　　②自分自身が成長できる仕事

③尊敬する方が先生だったので、追い越すために先生になりたい

こういったことは書かないと意味がありません。
頭の中で漠然と考えているだけでは、

| 書かないとほわっと消えていく |

のです。

　抽象的なのですが、似た表現を受講生の方がよく使います。
　「書けるようで書けなくてびっくりした。これでは試験で対応できない。」
　「今まで先生という仕事をかなり抽象的に考えていた。」
　「漠然と先生になりたいと思っていた。」

　実際にやってみると、ペンが進まない状態が続くかと思います。
　しかし、書き始めると「あれもこれも」と浮かんできます。
　それらが、頭から消えてしまう前にできるだけ書き留めてください。

　自分自身の意見や考え。
　それを採用試験の面接官は求めています。
　書く際のポイントは、

| できるだけ長く、いろいろなことを書く |

です。
　試験官は、質問を多く出してきます。
　それに答えるために、こういう回答はいくつもある方がよいのです。

　回答のそれぞれが皆さんを形作っています。
　ぜひ、書きながら自分自身と向き合い、その考えを模擬授業に活かしてください。

> 何回、
> 模擬授業練習をしたのか
> 記録をしましょう

　模擬授業は、

「授業力」という「技術」を使いこなす「技能」

です。
　100％そうだ、と言い切れないにしても、かなりの部分で当てはまります。

　例えば、笑顔。
　サービス業で、笑顔は基本です。
　飲食店でブスッとした従業員が来たら、二度と行きません。
　あの笑顔は「技能」です。
　もちろん、本当に機嫌がよくて笑顔なのかもしれません。
　しかし、人間ですから、機嫌がいい時もあれば悪い時もあります。
　それを隠しておくという「技術」を知っていて、実際に笑顔でいるという「技能」にしているわけです。

　学校でも同じです。
　いつもニコニコとしている先生と、感情をよくも悪くも全力で出す先生。
　皆さんが児童生徒だったら、前者が担任の方がよいですよね。
　でも、本当は、宿題を出さない児童に腹を立てているかもしれません。
　いじめにあっている生徒のことで心を痛めているかもしれません。
　そういったものを隠して笑顔でいる、という「技能」を使っているのです。

　模擬授業は、笑顔だけが要素ではありません。
　話し方、歩き方、板書の文字、指示や発問の出し方、指名方法、褒め方、

授業の組立など多くの要素があります。
　それらを鍛えるためには、

| 質の高い「量」を重ねる |

ことが必要です。
　質を高くするためには、

| 授業力の要素を「1つずつ」伸ばしていく |

とよいです。
　周りの人に、何も言わずに指導をお願いすると、
　「指示が分かりにくい、表情も硬い、組立は逆の方がよい、あっそれから板書の文字が歪んでいた。あと歩く時にはバタバタとしない方がよい…」
と様々な面から指導をしてくれます。
　しかし、それでは伸びにくいです。
　これを、
　「指示の出し方だけ見てほしい」
というようにお願いをするのです。
　このようにすると、絞った内容で、質を担保して練習ができます。

　量は、次ページの表を埋めていく形で重ねていきましょう。

　ポイントは、

| ①同じ授業テーマで何度もやる
②練習で気をつけるところを明確にする |

の2点です。
　内容は変えずに、気をつけるところを明確にして行うことで、上達が実感できます。

【模擬授業練習】

練習回数	授業実施時間	日時	授業テーマ	気をつける点	一言感想
例	20秒	4/2 13:50	国語「短歌と俳句」	語尾まではっきりと言う	2つ目の指示で語尾が聞こえないと指摘

【模擬授業練習】

練習回数	授業実施時間	日時	授業テーマ	気をつける点	一言感想
例	10分	7/5 18:30	学活「遠足前の注意点」	言葉に抑揚をつける	真剣な中でも柔らかい表情があった方がよい

【著者】
越智敏洋（おち　としひろ）
1978（昭和53）年東京都生まれ。
奈良教育大学小学校教員養成課程心理学専攻卒業。
京都教育大学教職大学院授業力高度化コース修了。
山形県2つの小学校、京都府6つの小学校・行政で勤務。
現在、京都府文化スポーツ部文化政策課企画・生涯学習担当。
NPO法人TOSSいちばん星理事長。
一般財団法人石清水なつかしい未来創造事業団委員。
全国各地で開催されるセミナー、学校や保育園の研修に招かれ、講演や授業・伝統文化教室等を行なっている。また「教採コンシェルジュTM」として模擬授業や面接・相談等の教員採用試験対策講座を毎年開講している。
主な著書に『学校のお仕事・毎日すること365日大全1～3』『ほめられ授業参観のネタ』（明治図書）等がある。
email:ochi.toshihiro@toss2.com

【イラスト】
小林玲奈（こばやし　れな）
山形県出身
2012年群馬県立女子大学美学美術史学科卒

受かるぞ教員採用試験シリーズ
ガンバル自分は教師になれる！
①初めての模擬授業

2019年4月10日　初版発行

著　者　越智敏洋／小林玲奈（イラスト）
発行者　小島直人
発行所　株式会社 学芸みらい社
　　　　〒162-0833 東京都新宿区箪笥町31 箪笥町SKビル
　　　　電話番号 03-5227-1266
　　　　http://www.gakugeimirai.jp/
　　　　e-mail：info@gakugeimirai.jp
印刷所・製本所　藤原印刷株式会社
装丁デザイン　小沼孝至
企画　樋口雅子　校正　菅　洋子

落丁・乱丁本は弊社宛てにお送りください。送料弊社負担でお取り替えいたします。
©Toshihiro Oti 2019 Printed in Japan
ISBN978-4-909783-06-6　C3037

受かるぞ教員採用試験シリーズ 刊行予定

巻2 「差を付ける個人・集団面接」
★試験官はここを見ている！★

テーマ	内　　容
受験の心構え	講義1　どうして教師になりたいの？
コラム	合格体験記
集団面接・集団討論	講義2　一次の集団面接を乗り切ろう
コラム	合格体験記
教育ワード	講座3　ライバルと差がつく教育ワードの使い方
コラム	合格体験記
願書の書き方	講座4　オッと思わせる願書の書き方
コラム	合格体験記
個人面接	講座5　自己分析で大成功の個人面接
コラム	合格体験記
Q&A	面接・願書の聞いておきたいQ&A
コラム	合格体験記
資料	合格に近づく資料集
コラム	受講者の感想

巻3 「基礎力を高める筆記試験・小論文」
★想定問題で合格力をつける！★

テーマ	内　　容
筆記試験	講座1　続ける力が試される筆記試験
コラム	私の学習計画とリフレッシュ法
筆記試験	講座2　よく分かる！教育原理
筆記試験	講座3　よく分かる！教育心理
コラム	私の学習計画とリフレッシュ法
筆記試験	講座4　よく分かる！教育法規
筆記試験	講座5　よく分かる！教育史
コラム	私の学習計画とリフレッシュ法
小論文	講座6　論理的でない人でも高得点の小論文
コラム	私の学習計画とリフレッシュ法
小論文	講座7　実践講座　レベルアップのポイント抽出
Q&A	筆記・小論文の続ける力がアップするQ&A
コラム	合格体験記
特別支援	講座8　定番の特別支援対策講座
資料	合格に近づく資料集

授業の新法則化シリーズ（全リスト）

書　名		ISBNコード	本体価格	税込価格
「国語」	～基礎基本編～	978-4-905374-47-3 C3037	1,600 円	1,728 円
「国語」	～1年生編～	978-4-905374-48-0 C3037	1,600 円	1,728 円
「国語」	～2年生編～	978-4-905374-49-7 C3037	1,600 円	1,728 円
「国語」	～3年生編～	978-4-905374-50-3 C3037	1,600 円	1,728 円
「国語」	～4年生編～	978-4-905374-51-0 C3037	1,600 円	1,728 円
「国語」	～5年生編～	978-4-905374-52-7 C3037	1,600 円	1,728 円
「国語」	～6年生編～	978-4-905374-53-4 C3037	1,600 円	1,728 円
「算数」	～1年生編～	978-4-905374-54-1 C3037	1,600 円	1,728 円
「算数」	～2年生編～	978-4-905374-55-8 C3037	1,600 円	1,728 円
「算数」	～3年生編～	978-4-905374-56-5 C3037	1,600 円	1,728 円
「算数」	～4年生編～	978-4-905374-57-2 C3037	1,600 円	1,728 円
「算数」	～5年生編～	978-4-905374-58-9 C3037	1,600 円	1,728 円
「算数」	～6年生編～	978-4-905374-59-6 C3037	1,600 円	1,728 円
「理科」	～3・4年生編～	978-4-905374-64-0 C3037	2,200 円	2,376 円
「理科」	～5年生編～	978-4-905374-65-7 C3037	2,200 円	2,376 円
「理科」	～6年生編～	978-4-905374-66-4 C3037	2,200 円	2,376 円
「社会」	～3・4年生編～	978-4-905374-68-8 C3037	1,600 円	1,728 円
「社会」	～5年生編～	978-4-905374-69-5 C3037	1,600 円	1,728 円
「社会」	～6年生編～	978-4-905374-70-1 C3037	1,600 円	1,728 円
「図画美術」	～基礎基本編～	978-4-905374-60-2 C3037	2,200 円	2,376 円
「図画美術」	～題材編～	978-4-905374-61-9 C3037	2,200 円	2,376 円
「体育」	～基礎基本編～	978-4-905374-71-8 C3037	1,600 円	1,728 円
「体育」	～低学年編～	978-4-905374-72-5 C3037	1,600 円	1,728 円
「体育」	～中学年編～	978-4-905374-73-2 C3037	1,600 円	1,728 円
「体育」	～高学年編～	978-4-905374-74-9 C3037	1,600 円	1,728 円
「音楽」		978-4-905374-67-1 C3037	1,600 円	1,728 円
「道徳」		978-4-905374-62-6 C3037	1,600 円	1,728 円
「外国語活動」（英語）		978-4-905374-63-3 C3037	2,500 円	2,700 円

学芸を未来に伝える **学芸みらい社** GAKUGEI MIRAISHA

株式会社 学芸みらい社（担当：横山）
〒162-0833 東京都新宿区箪笥町43番 新神楽坂ビル
TEL 03-5227-1266　FAX 03-5227-1267
http://www.gakugeimirai.com/
e-mail info@gakugeimirai.com

学芸みらい社の好評既刊

日本全国の書店や、アマゾン他のネット書店で注文・購入できます!

若手なのにプロ教師! 新指導要領をプラスオン

新・授業づくり&学級経営
365日サポートBOOK

監修：谷和樹
（玉川大学教職大学院教授）

学年別 全6巻

「子どもに尊敬される教師になろう!」

いかなる時代の教育にも必須のスキルに加え、新指導要領が示す新しい提案をプラスオンする本シリーズで、教室の365日が輝く学習の場になり、子どもの姿が頼もしく眩しい存在となるだろう。
―― 向山洋一氏(日本教育技術学会会長／TOSS代表)、推薦!――

巻頭マンガをはじめカラーページも充実!

―― 谷和樹氏「刊行の言葉」より ――

新採の先生が1年もたずに退職。ベテランでさえ安定したクラスを1年間継続するのが難しい時代。

**指導力上達の道筋を「具体的なコツ」で辞典風に編集!
プロとしての資質・能力が身につく「教師のための教科書」。**

【本書の内容】「グラビア①：まんがで読む!各学年担任のスクールライフ」「グラビア②：各学年のバイタルデータ＝身体・心・行動」「グラビア③：教室レイアウト・環境づくり」「グラビア④：1年間の生活習慣・学習習慣づくりの見通し」「1章：新指導要領の発想でつくる学期別年間計画」「2章：学級経営＝学期＆月別プラン・ドゥ・シー」「3章：若い教師＝得意分野で貢献する」「4章：実力年代教師＝得意分野で貢献する」「5章：新指導要領が明確にした発達障害児への対応」「6章：1年間の特別活動・学級レクリエーション」「7章：保護者会・配布資料　実物資料付き」「8章：対話でつくる教科別・月別・学期別　学習指導ポイント」「9章：参観授業＆特別支援の校内研修に使えるＦＡＸ教材・資料」「10章：通知表・要録に悩まないヒントと文例集」「11章：SOS!いじめ、不登校、保護者の苦情」「附章：プログラミング思考を鍛える＝「あの授業」をフローチャート化する」

**パッと見れば、どのページもすぐ使える。
365日の授業、完全ナビ!**

B5判並製
各巻208〜240ページ
定価：本体2800円＋税